لبيك اللهم لبيك

ANN PARKER

DIE FRUCHT DER AUSSAAT

EINE FOTOGRAFISCHE ENTDECKUNGSREISE

Dorfkinder, die unbedingt fotografiert werden wollen, bilden diese fröhliche Gruppe vor dem Innenfenster eines Hadschihauses. Über dem geschlossenen Fensterladen hat Ali Eid Yasin ein Motiv des Hadsch auf den üblichen blauen Hintergrund gemalt: Ein frommer Moslem, auf dem geblümten Diwan wie eine Figur aus einer persischen Miniatur sitzend, scheint dem Gebetsruf des Muezzins zu lauschen. Vielleicht wollte der Maler aber auch eine der Grundstellungen betender Moslems darstellen. Das Ritual schreibt vor, sich an die Ohrläppchen zu fassen, während man bestimmte Koranverse spricht.

Einige Bemerkungen vorab mögen dazu dienen, dem Leser meine Begeisterung für die ägyptischen Hadschbilder verständlich zu machen. Es sind die Kunstwerke selbst, die mich bestimmt haben, so zahlreiche Städte, Dörfer und Marktflecken am Nil, im Delta, am Roten Meer und auf der Halbinsel Sinai aufzusuchen. Die erste Begegnung mit einem Hadschihaus, vor fast zehn Jahren, war nur flüchtig gewesen – von einem Zugfenster aus, als ich im Kairo-Assuan-Expreß Richtung Süden fuhr. Doch schon damals war es ein aufregendes Erlebnis, solch lebendige, naive Malerei in dieser zeitlos-herrlichen Landschaft zu entdecken. Als mir der Ursprung dieser Bilderwelt klar wurde, stand mein Entschluß fest. Ich mußte versuchen, eine breitere Öffentlichkeit mit einer ungewöhnlichen Variante traditioneller Volkskunst bekannt zu machen: der Pilgermalerei; eine Kunstrichtung, die sich thematisch dem Hadsch, der Großen Pilgerfahrt nach Mekka, verpflichtet hat.

Meine Nachforschungen wurden immer intensiver, Film auf Film wurde belichtet. Das Material, auf das ich stieß, war so reichhaltig, daß es meine kühnsten Erwartungen übertraf. Als besonders spannend fand ich die Erfahrung, daß lebendige zeitgenössische Volkskunst eine stete Weiterentwicklung garantiert. Keine Stagnation, kein Museum. Bei jeder Rückkehr nach Ägypten entdeckte ich neue Gemälde von bisher unbekannten oder schon eingeführten Künstlern. Im Lauf der Jahre konnte ich beobachten, wie anfangs unerfahrene Maler allmählich ihren individuellen Stil gewannen.

Komme ich in ein ägyptisches Dorf, bilden sich wie aus dem Nichts Trauben von Kindern, die mich umschwärmen. Eifrige kleine Hände ziehen mich durch enge Gassen. Laute hohe Stimmchen melden die Ankunft der Fremden. Frauen, scheu im Schutz schattiger Toreinfahrten stehend, bitten mit sanfter Stimme zum üblichen, stark

Pilgerbilder sind vor allem Zeugnisse traditioneller Bauernmalerei. Doch sind sie heutzutage, bedingt durch die Landflucht, mehr und mehr auch in städtischen Regionen anzutreffen. So stößt man auf naive Gemälde dieser Art mitunter in jenen dichtbevölkerten Bezirken Kairos, in denen die Menschen erst seit einer Generation leben. Es sind die üblichen Symbole der Großen Pilgerreise abgebildet, wobei deutlich wird, daß in diesem Falle der Künstler mehr Begeisterung als Erfahrung besaß. Gleichwohl wird jene tiefe Frömmigkeit spürbar, die dem Betrachter mitteilt: Hinter dieser farbig bemalten Wand wohnt jemand, der seine heilige Pflicht erfüllt hat.

صلى على النبي حج مبرور وذنب مغفور يا حاج مغربي

sprünge jener Sitte, Häuser mit religiösen Gemälden zu dekorieren, lassen sich nicht bestimmen, zumal diese Kunstwerke durch Witterungseinflüsse seit je dem Verfall preisgegeben sind.

Für einen Menschen westlicher Zivilisation mag es ungewohnt sein, daß Fassadengemälde dazu dienen, eine private religiöse Erfahrung quasi öffentlich auszustellen. Doch auch wir in Amerika machen uns – zumindest im profanen Bereich – die Symbolkraft einer Darstellung ebenfalls zunutze, wenn wir eine persönliche Veränderung in unserem gesellschaftlichen Status anzeigen wollen; so etwa mit dem Brauch, das Auto eines frisch vermählten Ehepaares farbenfroh zu bemalen. Beide Arten öffentlicher Kundgebung, sei es religiös oder profan, verbindet eine individuelle Erfahrung.

Wir begrüßen diese Bildersammlung als Zeugnis eines intensiven Glaubens und als Dokumentation einer Volkskunst, in der auf naive Weise die Fähigkeit des Menschen zum Ausdruck kommt, das Spiegelbild seiner Seele künstlerisch zu gestalten. Zwar ist die Hadschmalerei außerhalb Ägyptens kaum anzutreffen, doch gerade diese örtliche Begrenzung verschafft ihr eine unverwechselbare Identität. Mag es mancherlei Arten geben, den vollzogenen Hadsch zu feiern. Die ägyptische Variante erlaubt es uns, an einem Fest teilzunehmen, und dafür sei Autoren und Verlegern dieses Buches gedankt.

Robert A. Fernes
University of Texas, Austin

Dieses prächtige Gebäude erinnert – wie andere nubische Wohnungen in den Dörfern Westassuans auch – an die Folgen des technischen Fortschritts, der den Lebensstil eines ganzen Volkes verändert hat. Denn beim Bau des großen Assuan-Staudamms wurden die Ortschaften vom Nassersee überschwemmt und die heimatlos gewordenen Bewohner in moderne, vom Staat errichtete Häuser abseits des Nils umgesiedelt.

Dieses Haus jedoch blieb von der Vernichtung verschont, denn es steht in bevorzugter Lage nördlich des Dammes. Seine imposante Architektur spiegelt ein außergewöhnlich reiches kulturelles Erbe wider und hat die Zeiten einer durch wirtschaftliche Probleme bedrängten Gesellschaft überdauert. Breite weiße Treppen führen an einer Terrasse vorbei in die kühlen, in tiefem Schatten gelegenen Räume, die sich um einen geschützten Innenhof gruppieren. Gerade tritt eine Frau unter einem Torbogen hervor. Vielleicht ist sie auf dem Weg zu einer Plauderei mit dem Hausherrn, der, wie aus dem kalligraphischen Schriftzug unter der Neonlampe zu schließen ist, 1985 den Hadsch absolviert hat. Das recht schlichte Gemälde – es verbindet die Kaaba, die Große Moschee und ein Flugzeug zu einer Motivkette – wirkt für dieses weiträumige Haus eher bescheiden. Das Haus selbst steht auf einem Felsen, von dem aus in der Ferne einige Feluken zu erkennen sind, die gleichsam romantisch über den Strom gleiten. Dem Fremden aber signalisiert diese Malerei: Hier wohnt ein wahrer Gläubiger, der schon im heiligen Mekka gewesen ist.

Die Pilger kommen aus allen Teilen der islamischen Welt, viele natürlich auch aus Ägypten. Während wohlhabendere Moslems sich den Segen einer Wallfahrt auch öfter als das eine Mal holen, das der Koran vorschreibt, können sich die meisten Gläubigen diesen Luxus nicht leisten. In Oberägypten muß man viele Jahre sparen, ehe sich der Traum dieser großen Reise verwirklichen läßt. Oft legen erwachsene Kinder ihre Ersparnisse zusammen, um den betagten Eltern die Wallfahrt zu ermöglichen. Dadurch beweisen sie ihre Liebe und bringen den Familiennamen zu Ehre und Ansehen.

In Esna stellte sich dieses ältere Ehepaar vor seinem Hadschihaus stolz dem Fotografen. Mahmoud El Araby, ein einheimischer Künstler, hat für sein Gemälde die Kaaba, einen knienden Pilger und ein sich aufbäumendes Roß samt verwegenem Reiter als Motive gewählt. Vielleicht wollte der Maler den Hadschi im einstigen Glanz kraftvoller Jugend porträtieren.

VORWORT

Die Pilgerfahrt nach Mekka – der Hadsch – gilt als eine der wichtigsten Erfahrungen im Leben eines Moslems. Mit ihr erfüllt er eine Verpflichtung, die der Koran allen Gläubigen auferlegt.

Der Anthropologe Victor Turner hat präzise beschrieben, wie der Hadsch die gesellschaftliche Rangstellung eines Moslems verändert. In diesem Zusammenhang verweist er auf die persönliche Grenzerfahrung, die diese Mekka-Fahrt auszulösen vermag und die einem physischen und gesellschaftlichen Ausnahmezustand gleichkommt. Es besteht demnach hinreichend Anlaß, nach der Rückkehr von den heiligen Stätten in der dörflichen Gemeinschaft zu feiern. Und als äußeres Zeichen einer unauslöschlichen spirituellen Lebenserfahrung darf sich der Pilger fortan Hadschi, die Pilgerin Hadscha nennen. Keine Frage – wer die Wallfahrt vollbracht hat, genießt als Hadschi in seinem Dorf besondere Achtung und Anerkennung. Vor allem aber: Erst durch das religiöse Mekka-Erlebnis wird jenes intensive Gefühl der Verschmelzung lebendig, das sich in der Umma, der großen Gemeinschaft aller Moslems, einstellt.

Unter diesem Aspekt sollte sich der Betrachter von den Gemälden der Hadschihaus-Kultur, die in diesem Buch vorgestellt werden, anregen lassen, denn sie geben – wie der Ehrentitel des Hadschi – Zeugnis von jener Reputation, die der Moslem erst durch seine Pilgerfahrt erlangt. Der Brauch, große Augenblicke eines Menschenlebens in Bildern festzuhalten, hat im Niltal eine uralte Tradition. Schon die Pharaonenherrscher, wie etwa Ramses der Große in Abu Simbel, ließen auf diese Weise ihre Taten öffentlich dokumentieren – vor allem Schlachtensiege und Triumphszenen natürlich. Ob hier die fernen Vorbilder für die Hadschihaus-Kunst zu entdecken sind, bleibe dahingestellt. Die Ur-

الحاجة
سعدية عبد الغني صيام
الحاج
أحمد رمضان صيام
ذو الحجة ١٤٠٥ أغسطس ١٩٨٥
محمد رسول الله
"ص"
الله أكبر

INHALT

DIE KUNST DES HADSCH

ANN PARKER
UND
AVON NEAL

AUS DEM ENGLISCHEN VON
KONRAD DIETZFELBINGER

FREDERKING & THALER

Pilger strömen aus allen Teilen der islamischen Welt nach Mekka. Kein Dorf des Niltals ist zu abgelegen, kein Marktflecken zu weltenfern, als daß der Aufruf zur Pilgerschaft Ägyptens Moslems nicht erreichen würde. Es kommt gar nicht so selten vor, daß fromme Fellachen ihr Leben lang sparen, nur um die Reise in die heilige Stadt unternehmen zu können. Zwar zählt diese Wallfahrt zu den Fünf Grundpfeilern des Islams, doch wird die Forderung durch den Zusatz abgeschwächt: »Wenn irgend möglich.« Man schätzt, daß von etwa einer Milliarde Moslems auf der Welt – statistisch gesehen – nur zwei von Tausend sich diesen Traum erfüllen können.

Zufällig lebte und arbeitete ein außergewöhnlich talentierter Maler, Abdel Rasik, in der Nachbarschaft dieses schlichten Bauernhauses. Vor zehn Jahren verwandelte er in ein paar Tagen die rohe Lehmziegelfassade in dieses prachtvolle Werk naiver Kunst. Mittlerweile ist das Gemälde weitgehend zerkratzt, die Farbe blättert ab, und der Maler ist inzwischen in das gläubig ersehnte Paradies eingegangen, noch vor dem vierzigsten Lebensjahr. Es heißt, er konnte kaum lesen oder schreiben, weshalb wohl auch auf den meisten seiner Werke die üblichen kalligraphisch gestalteten Koranverse fehlen.

Die Eigentümer des Gebäudes planten bereits, die beschädigte Fassade neu verputzen zu lassen. Man besann sich anders und ließ den Landschaftsteppich weiterhin bestehen, nachdem ein Fremder das Kunstwerk bewundert und fotografiert hatte. Damit schien der Respekt des Hausherrn vor dieser Arbeit gewachsen zu sein. Stolz stellen sich der alternde Hadschi und seine Frau vor ihrem malerischen Phantasiegarten in Positur.

gezuckerten Tee. Die Atmosphäre hüllt mich wie ein Mantel ein. Mitunter erscheint ein stolzer Hadschi oder eine Hadscha, wenn ich ein bemaltes Haus fotografiert habe, und lädt mich in seine Wohnung ein, um mir ein besonders eindrucksvolles Gemälde zu zeigen. In den Fenstern drängen sich die Kinder, zunächst ängstlich, daß man sie verscheuchen könnte, dann allmählich ruhiger werdend; sie sind ganz Auge und Ohr, um nur ja nichts zu versäumen. Häufig wird der Lehrer der Dorfschule herbeigeholt, der sich nicht selten als der Schöpfer der Hadschbilder vorstellt, die ich gerade bewundert habe. Nach einigen Minuten freundlichen Geplauders ziehe ich weiter, mit Erfrischungen gestärkt.

Ständig plage ich mich mit unvermeidlichen Fragen. Etwa der Art: Gibt es noch andere Hadschihäuser in der Nähe, deren Besichtigung sich lohnt? Soll ich mich in diesem Dorf intensiver umsehen, oder ist es schon Zeit für die Weiterfahrt? Vielleicht befindet sich hier eine ungewöhnlich originelle Darstellung des Hadsch, die ich noch nicht kenne. Begünstigt der Sonnenstand die Aufnahme, die ich machen möchte, oder behindert er sie? Es ist immerhin möglich, daß ich nie hierher zurückkehren werde. Also muß ich meine Entscheidungen so sorgfältig abwägen wie ein Krämer seine Gewürze.

Obwohl mir die Abschiede immer schwerer fallen, weiß ich doch, daß mich zu Hause eine nicht minder interessante, wenn auch weit gemächlichere Reise erwartet: die Reise in die Vergangenheit des Erlebten, dessen fotografische Ausbeute nach redaktioneller Bearbeitung verlangt. Nach einer vorläufigen Auswahl müssen jene Bilder zusammengestellt werden, die ich für besonders aussagekräftig halte. Die Magie der Dunkelkammer versetzt mich nach Ägypten zurück, und ich erlebe die jüngsten Ereignisse wieder und wieder. Solche Phantasiefahrten machen für mich einen der größten Reize in einem Fotografenleben aus. So wächst mein Bildarchiv mit jeder Reise in dieses anregende Land.

Soweit ich mich erinnern kann, befand ich mich fast immer irgendwie auf der Suche nach dem Ungewöhnlichen in Volkskunst und -architektur. Meine besondere Vorliebe gilt der Dokumentation, wie naive Künstler den großen Festen des Lebens Dauer verleihen. So sehr ich die klassische Kunst und Architektur bewundere – ich reagiere weitaus spontaner, wenn sich mir die Gelegenheit bietet, jene naive Malerei zu fotografieren, die sonst meist übersehen wird, und ich scheue keine Mühe, ihr die Anerkennung zu verschaffen, die ihr im Reich der bildenden Kunst zukommt.

Man könnte meine fotografischen Expeditionen mit einer Schatzsuche vergleichen, deren wunderbare Entdeckungen mich immer wieder begeistern. Anders gesagt: Die

Bei einem Besuch in El-Kurna im Juli 1988 interviewte ich den begabten jungen Künstler Ahmed El Tauib Mohammed El Naggar (auf dem Foto links von mir). Ich führe in Ägypten, wenn ich Hadschmaler über die Besonderheiten ihrer Kunst interviewen will, immer Notizbücher und Fotos früherer Reisen mit mir. So kann ich den Künstlern Gemälde aus anderen Landesteilen zum Vergleich vorlegen. Natürlich mache ich ihnen die Aufnahmen, die ich von ihren Werken, aber auch von ihren Familien anfertige, zum Geschenk – ein allseits beliebter Brauch. Rechts von mir befindet sich Hamdi Shaheed El Said, der mir als versierter Dolmetscher bei vielen Fotoexpeditionen eine große Hilfe war.

Frucht lohnt die Aussaat, und in meinem Fall ist die Frucht die fotografische Ausbeute, die mit den Geschichten, die sich hinter den Bildern verbergen, kombiniert wird.

Die endgültige Auswahl der Fotos für dieses Buch war besonders schwierig. Wenn ich ein bestimmtes Gebiet der Volkskunst erforsche, versuche ich für gewöhnlich, jene außergewöhnlichen Momente festzuhalten, bei denen die Künstler ihre bisherigen Grenzen überschreiten und zu neuen schöpferischen Leistungen vorstoßen. Das ist nicht einfach bei einem Projekt, das ein ganzes Land umfaßt. Außerdem sollte dieses Buch die Geschichte einer Moslemwallfahrt nach Mekka erzählen.

Es waren daher solche Bilder auszuwählen, die den Ablauf des Ganzen illustrieren: vom Aufbruch der Pilger über die Reise nach Saudi-Arabien und die Stationen des Hadsch – bis hin zur Heimkehr, dem Wiedersehensfest und dem Alltag nach dem großen Ereignis. Jahrelang fehlten mir für diesen dramaturgischen Ablauf wichtige Motive – immer in der Hoffnung lebend, eines Tages just jenes Hadschihaus zu betreten, wo ich genau das finden würde, was ich zur Komplettierung brauchte.

Zum Beispiel fotografierte ich Tausende von Kaabas, Schiffen und Flugzeugen, entdeckte aber nur eine einzige Abbildung des rituellen Steinewerfens. Und auch dies geschah nur zufällig, als ich ein ganz anderes Motiv durch den Projektor betrachtete. Auch befaßt sich nur ein einziger der mir bekannten Künstler mit der Geschichte von Adam und Eva. Da seine Gemälde sich alle auf den Innenwänden von Häusern abseits

Auf allen Reisen in unbekannte Dörfer stellt sich mir dieselbe Frage: Welchen zeitlichen Aufwand kann ich mir für jedes einzelne Bild leisten, das ich entdecke? Häufig ist eine dekorierte Hauswand schon aus der Entfernung zu erkennen und nach ihrem Wert abzuschätzen. Da genügt manchmal ein flüchtiger Blick. Angesichts der Fülle der Angebote ist selbst mit guten Bildern – wie in dieser Aufnahme an der Hausfront jenseits des Bachlaufs – eine intensivere Beschäftigung nicht immer möglich. Denn eine Besichtigung schließt eine Einladung zu dem üblichen stark gesüßten Tee ein, was seine Zeit dauert, die bei anderen, vielleicht wichtigeren Anlässen dann fehlen mag. Läßt man sich allzu oft auf die herzliche Gastfreundschaft ägyptischer Dorfbewohner ein, kann das die Zeit einer solchen Reiseexpedition leicht verdoppeln.

der Hauptstraße befinden, wäre ich nie auf sie gestoßen, hätte er sie mir nicht selbst gezeigt.

Mit Koautor Avon Neal habe ich schon Bücher über die Kunststickereien der Panamaindianer auf den San Blas-Inseln, über Grabsteine aus der Frühzeit Neuenglands und die Wanderfotografen Guatemalas verfaßt. Ägypten aber bot größere Schwierigkeiten. Es liegt von unserer Heimat sehr weit entfernt, und meine Zeit war immer begrenzt. Auch waren die Reisen kostspieliger und schwieriger zu planen. Außerdem gab es Sprachbarrieren. Doch waren all diese Probleme vergessen, als ich mich endlich durch Berge von Fotos wühlen und das Buch vorbereiten konnte. Drinnen in der Dunkelkammer verlor ich mich schnell in den Mysterien Ägyptens. Wie wenn man einem Gedicht den letzten Schliff gibt, mußte ich mich auch hier darauf konzentrieren, das nicht unbedingt Notwendige auszusortieren und jene Fotos zu finden, die die gewünschte Story erzählten.

Meine Kamera verschafft mir legitimen Zugang zum Leben der unterschiedlichsten Menschen. Meine Fotos sollen der Dank dafür sein, daß ich am Schicksal dieser Menschen teilnehmen durfte. Wenn dieses Buch den Leser überrascht, ihn informiert, erfreut oder mit der Hadschihaus-Kunst besser vertraut macht, dann, so glaube ich, haben sich die Mühen dieser Schatzsuche gelohnt.

Mein aufrichtiger Dank gilt den ägyptischen Hadschmalern, deren Werke ich fotografieren durfte. Es gibt außerdem drei Menschen, ohne die es weit schwieriger, ja vielleicht unmöglich gewesen wäre, dieses Buch zu produzieren: Erstens mein Mann und Koautor Avon Neal, der mir jetzt schon viele Jahre zur Seite steht und mich immer wieder zur Schatzsuche ermuntert; seine sorgfältig verfaßten Texte bereichern die Aussagekraft meiner Fotos und geben ihnen neue Dimensionen. Zweitens Ellie Seibold, die mir als erste von den Hadschihäusern erzählte und dieses spannende Projekt begeistert unterstützt hat. Mit ihr zusammen habe ich aufregende Tage auf der Fahrt von Kairo nach Assuan und die südlichen Regionen verbracht. Außerdem hat sie meine Fotografien in ihrer New Yorker Galerie ausgestellt. Drittens gebührt ein ganz besonders herzliches Dankeschön meinem Freund und Kollegen Hamdi Shaheed El Said, der mit unermüdlichem Einsatz, treuer Fürsorge und großem Einfühlungsvermögen die Brücke zwischen seiner Kultur und der meinigen gebildet hat. Er hat meine Liebe und mein Verständnis für die Rhythmen und die Poesie des Alltags an den Ufern des magischen Nilstroms ungemein gefördert.

Aufwendig dekorierte Außenwände von Hadschihäusern lassen keine Rückschlüsse über die innere Ausgestaltung zu. Zum überwiegenden Teil kann von einer attraktiven Innenbemalung keine Rede sein, sofern sie überhaupt existiert. Doch gibt es auch überraschende Ausnahmen.

Der Schullehrer und Teilzeit-Hadschmaler Ahmed Hassan Farahot porträtierte diesen frommen Moslem. Während er seine Gebetsperlen durch die Finger gleiten läßt, kommt – immer wieder – nur ein einziges Wort über seine Lippen: »Allah«. Entsprechend ausdrucksmächtig ist es hier wiedergegeben. Um der Haltbarkeit willen bevorzugt Farahot für seine Arbeiten geschützte Innenwände (Seite 104, 111, 164). Während der Künstler und sein Gast das Gemälde betrachten, betrachten neugierige Schulkinder den Gast und den Künstler, der für sie lediglich ihr Lehrer ist.

Junge Frauen in Oberägypten tragen gerne auch im Alltag farbenfrohe Kleider. Noch attraktiver wirken sie bei festlichen Gelegenheiten, wenn sie ihren glänzenden Schmuck anlegen und die Augenpartien auffällig bemalen.

Diese Frau unterbrach ihre aufwendigen Vorbereitungen für das Opferfest, um charmant vor dem erst jüngst bemalten Hadschihaus ihrer Familie zu posieren. Danach lud sie die Besucher zu einem nach alten Rezepten bereiteten köstlichen Mahl ein.

Ägypter gehören zu den gastfreundlichsten Völkern der Erde und sind für ihre Offenheit und Herzlichkeit bekannt. Sie staunen nicht selten über das Interesse, das die Hadschihäuser bei Menschen finden, die außerhalb ihres Dorfes leben. Doch helfen sie dem Besucher gerne und verfolgen neugierig die fotografischen Arbeiten. Sie begegnen den Fremden mit einer natürlichen, würdevollen Zurückhaltung, doch als stolze Hausbesitzer wissen sie auch die Gelegenheit zu schätzen, in eine Dokumentaraufnahme einbezogen zu werden. Wäre dieses Wandgemälde nicht durch das hellgelbe Wort Hadsch über der Tür und die religiöse Inschrift als Hadschihaus-Kunst ausgewiesen, man käme nicht auf den Gedanken, diese Bildkomposition mit der Großen Pilgerfahrt in Verbindung zu bringen. Dennoch sind solche Motive charakteristisch für die Hadschkunst von Ali Eid Yasin. Der Reiter mit weißem Sonnenschirm soll vermutlich einen Pilger auf seinem Weg in die Heimat darstellen, während der Mann mit der Pistole durch seine Schießerei seine Freude über die Heimkehr zum Ausdruck bringt und damit seinen Teil zu dem üblichen Empfangslärm beiträgt.

Auf Erkundungstouren durch enge Dorfgassen kann der Besucher auch hinter den Fassaden gelegentlich Hadschbilder entdecken.

Zu jeder Tageszeit vermag das Licht in Ägypten faszinierende Wirkungen auf Bilder auszulösen. Hier lassen die Strahlen der Mittagssonne jede Einzelheit der Oberfläche für ein paar wunderbare Minuten deutlich hervortreten, und so entsteht ein fast magischer Eindruck wie im Theater.

DANKSAGUNG

Wir möchten an dieser Stelle allen freundlichen Ägyptern Dank sagen, die uns auf dem weiten Weg bis zur Vollendung dieses Buches Hilfe jeglicher Art geleistet haben. Besonders verpflichtet fühlen wir uns den Hadschmalern selbst für ihre bereitwillige Mitarbeit, vor allem Ahmed Hassan Farahot, Mohammed Ahmed El Malk, Ahmed El Tauib Mohammed El Naggar, Ahmed Mahmoud El Senosy und Ali Eid Yasin.

Im Lauf der zehnjährigen Arbeit an diesem Projekt haben uns zahllose Freunde und Kollegen in den Vereinigten Staaten, Europa und Ägypten mit Rat und Tat unterstützt und uns ihre Gastfreundschaft erwiesen. Es sind: Mansour Ahmed, Livia Alexander, Dianne Dubler, Robert Fernia, Mae Festa, Helmut Gernsheim, Matou Goodwin, Linea Hamner, Frank Korom, Margaret Miller, Anwar El Mofti, Bob Musser, Tamara Northern, Bob Parker, Harry Parker, Kevin Roche, Hamdi Shaheed El Said, Ellie Seibold, Fred Seibold, Rös und Walter Steffen-Schlüssel, Sylvia Steiner, Philip Stoddard, John Taylor, Terry Walz, Francis Ward und Josef Wermelinger.

Sehr dankbar sind wir auch für die großzügige anonyme Vereinsspende an den Verleger, die diese Veröffentlichung erst möglich machte.

Nicht zuletzt möchten wir an die Mitarbeiter der Smithsonian Institution Press erinnern, deren Einsatz dieses Buch seinen Abschluß verdankt. Unsere besondere Anerkennung gilt Daniel Goodwin, Frances Kianka, Jack Kirshbaum, Ken Sabol, Janice Wheeler und vor allem Amy Pastan, die seit unserer ersten Begegnung mit unermüdlicher Phantasie und Hingabe an diesem schönen Projekt mitgewirkt hat.

FABRIQUE D'-
ALBATRE
OPERA AIDA

AVON NEAL

DER HADSCH IM SPIEGEL DER ÄGYPTISCHEN VOLKSKUNST

EINE EINFÜHRUNG

Unwiderstehlich ist der Drang des Menschen, die großen Augenblicke seines Lebens festzuhalten und anderen davon zu erzählen. Dieser schöpferische Impuls ist die eigentliche Entstehungsursache für die vielen Kunstwerke, die uns aus prähistorischer Zeit und den frühen Hochkulturen überliefert sind. Alte Artefakte sind guter Anschauungsunterricht; sie öffnen Wege, die bis in die fernste Vergangenheit zurückführen, und liefern uns Informationen über das Wesen und Leben unserer Vorfahren. Höhlenmalereien, Piktogramme, Steinritzungen, Skulpturen und anderes archaisches Material bilden eine frühe Traditionskette schöpferischer Tätigkeit.

Die ersten Schriftzeichen, entstanden vor rund 5000 Jahren, sind uns, in Tontafeln oder Stein gemeißelt, als Keilschrift und Hieroglyphen überliefert. Ob Kunstwerke der frühen Menschheit zur Erbauung oder Jagdmagie dienten, Kontakte zu den Göttern oder Stammesgenossen herstellen sollten – die Kreativität des Individuums setzte all jene vielfältigen Kunstformen frei, die heute überliefert sind.

Seit Urzeiten gehört die Religion zu den wichtigsten Inspirationsquellen des Menschen. Vieles von dem, was wir als große Kunst verehren, hat seinen Ursprung im Glauben: seien es die primitivsten Darstellungen, seien es die bedeutendsten Denkmäler der Klassiker. Das ist auch heute noch so, vor allem in bezug auf das, was wir naive, populäre oder Volkskunst nennen, die überall auf der Welt anzutreffen ist.

Eines der besten Beispiele für ungemein kraftvolle, religiös inspirierte und lebendige Volkskunst bietet das moderne Ägypten. Auf Schritt und Tritt begegnet dem Reisenden naive Malerei an den Wänden dörflicher Behausungen – Zeugnisse einer boden-

Ägyptenbesucher müssen nicht lange nach den Häusern mit naiven Fassadengemälden und arabischen Schriftzeichen suchen, denn mittlerweile ist die Tradition der Hadschihaus-Kunst so gefestigt, daß kaum ein Pilger von Reputation es versäumt, eine solche Arbeit in Auftrag zu geben. Das verlangt schon die soziale Stellung innerhalb der dörflichen Gemeinschaft.

Diese Fassade scheint wie ein dramatisch ausgeleuchtetes Bühnenbild in der düsteren Wüstenlandschaft zu glühen. Symmetrisch gut arrangiert, flankieren zwei Blumensträuße in rustikalen Vasen den Hauseingang, über dem der Name des Hadschis, das Jahresdatum 1984 und einige Koranverse stehen. Ein aufsteigendes Flugzeug läßt vermuten, daß der Hausbesitzer für seine Wallfahrt nach Saudi-Arabien einen Jet benutzt hat. Er selbst, in Lebensgröße abgebildet, trägt das traditionelle Pilgergewand. Seine Hände sind grüßend nach der heiligen Kaaba ausgestreckt. Die in Stein gehauene Felsenöffnung scheint der Eingang zu alten Gräbern zu sein, von denen es in dieser Gegend viele gibt. Und ganz in der Nähe befindet sich ein Pharaonengrab. Vergangenheit wird lebendig, überspringt Jahrtausende, trägt die Phantasie zurück ins alte Ägypten, und plötzlich stellt sich eine imaginäre Verbindung her zwischen der Kunst der Pharaonenzeit und dieser zeitgenössischen Volkskunst. Gibt es Brücken im Meer der Zeit? Manchmal mag man es denken, instinktiv, bar aller konkreten Anzeichen.

بسم الله الرحمن الرحيم
ولله على الناس حج البيت من استطاع إليه سبيلا ...
الحاج أحمد عباس ابراهيم
أدى فريضة الحج ١٤٠٤ هـ
١٩٨٤ م.
ادخلوها بسلام آمنين.

Islam ist das arabische Wort für Unterwerfung unter Gott, d. h., der gläubige Moslem unterstellt sein Leben vollständig Allahs Willen. Indem er die fünf religiösen Pflichten des Islams, die sogenannten Pfeiler, erfüllt – Glaube, Gebet, Almosen, Fasten und Pilgerschaft –, hält er seinen lebenslangen Bund mit Gott. In diesem Sinne ist der Hadsch die höchste Bestätigung seines Glaubens.

DIE FÜNF PFEILER DER WEISHEIT

Die Fünf Pfeiler sind die religiösen Wegmarken für etwa eine Milliarde Menschen. Diese Vorschriften, die nach islamischer Auffassung dem Propheten im 7. Jahrhundert verkündet wurden, sind das spirituelle Bindemittel für die große Gemeinde der Moslems. Der Fünfte Pfeiler symbolisiert den Hadsch, die Große Pilgerfahrt nach Mekka, wo Mohammed geboren wurde und seine erste Offenbarung von Allah empfing. Mekka mit seiner heiligen Kaaba in der Haram-Moschee, gewöhnlich als Große Moschee bezeichnet, ist das Ziel jedes frommen Moslems.

Bis Mitte dieses Jahrhunderts standen der Reise nach Mekka in der Regel fast unüberwindliche Hindernisse entgegen. Viele Pilger fanden unterwegs den Tod, was jedoch nicht als sonderlich beklagenswertes Schicksal galt. Denn auf der Großen Pilgerfahrt zu sterben, empfand der Gläubige als glückverheißend, befand sich doch seine Seele dann schon im Zustand der Heiligkeit und gelangte unmittelbar in den Himmel.

Hatte aber jemand die Fahrt erfolgreich beendet, wurde ihm der niemals wieder entziehbare Ehrentitel Hadschi – oder Hadscha, im Fall einer Frau – verliehen. Heutzutage sind schätzungsweise ein Drittel der Pilger Frauen.

Mekka ist der spirituelle Mittelpunkt des Islams, Ausgangspunkt aller Rituale der Großen Pilgerfahrt, die den Gläubigen mit den verschiedenen Heiligtümern verbinden. Jeder fromme Moslem träumt vom Hadsch, dem wichtigsten Ereignis in seinem religiösen Leben.

Die Zahl der Pilger schwankt von Jahr zu Jahr. Je nach wirtschaftlichen und politischen Gegebenheiten und sonstigen Umständen kann es zu größeren Fluktuationen kommen. Im 19. und Anfang des 20. Jahrhunderts betrug die jährliche Gesamtzahl der Pilger normalerweise zwischen ein- und zweihunderttausend. Die Zahlen fielen drastisch in den dreißiger Jahren und hatten 1934 mit 20 500 einen Tiefpunkt erreicht. 1950 waren es wieder über hunderttausend und 1972 schon fast eine halbe Million. Von da an schnellten die Ziffern weiter in die Höhe. Nach Schätzungen sind es heute etwa zwei Millionen. In dem Maße, wie der Wohlstand der islamischen Welt wächst und die Verkehrswege nach Mekka ausgebaut werden, steigt auch die Zahl jener Moslems, die ihrer Pilgerpflicht genügen wollen.

TÄGLICHES GEBET

In aller Welt neigen sich Moslems fünfmal täglich im Gebet ehrerbietig in Richtung Mekka. Kein Tag vergeht also, an dem der Mohammedaner nicht immer wieder an die heilige Stadt erinnert wird. Es beginnt mit dem Gebetsruf des Muezzins bei Sonnenaufgang und endet mit dem vorgeschriebenen Abendgebet. Und in der Zwischenzeit werden die Gedanken des Frommen, sollten sie wirklich einmal abschweifen, in drei weiteren Gebeten wieder auf Mekka gerichtet. Das allgegenwärtige Bild der Kaaba – sie ist mit schwarzem Tuch bedeckt, das ein goldgesticktes Buchstabenband ziert – ist das wichtigste und häufigste Symbol des Hadsch. Auch andere Erinnerungsanstöße gibt es natürlich, gemalte und geschriebene. Und die auffälligsten und reizvollsten Beispiele sind gewiß die Gemälde an ägyptischen Bauernhäusern, die die Geschichte des Hadsch erzählen.

Nur Mohammedaner dürfen Mekka besuchen. Alljährlich versammeln sich zwei Monate nach dem Fastenmonat Ramadan die Gläubigen an diesem heiligsten der heiligen Orte, und zwar im Pilgermonat Dhu al-hidjdja. Die Wallfahrt dient der Stärkung des Glaubens, der rituellen Reinigung der Seele und ist gleichzeitig ein festes Band, das alle Moslems brüderlich vereint.

Jeder Moslem, der dazu in der Lage ist, ist zum Hadsch verpflichtet. Doch können sich das, statistisch gesehen, nur etwa zwei von tausend im Jahr leisten. Manche sparen ein Leben lang, um sich diesen Traum erfüllen zu können. Andere, die Reichen und die Allerfrömmsten, nehmen den Hadsch zur inneren Reinigung und Glaubenserhebung mehrere Male auf sich. Ob einer die Wallfahrt antreten kann, hängt vor allem von den geographischen Bedingungen und seiner wirtschaftlichen Lage ab.

DER HADSCH IN DER VERGANGENHEIT

Mehr als 1300 Jahre lang reisten die Gläubigen fast ausschließlich in Kamelkarawanen nach Mekka, was mit großen Strapazen und Gefahren verbunden war. Meist dauerte die Fahrt mehrere Monate, bei sehr großen Entfernungen mitunter Jahre. Mit der Eröffnung des Suezkanals im Jahre 1869 leitete die Dampfschiffahrt auch im Nahen Osten die Ära des Massentransports ein, denn die Mekka-Pilger machten von dieser Möglichkeit sofort regen Gebrauch. Man bevorzugte den Seeweg, weil er schneller, sicherer, bequemer und letztlich auch billiger war.

Für kurze Zeit, von 1908 bis 1913, bot die Hedschas-Eisenbahn zum Seeweg eine Alternative. Sie verband Damaskus und Medina auf einer Strecke von 1303 Kilometern und beförderte während der Hadschsaison die Pilger in Massen. Im Ersten Weltkrieg benutzten die Türken diese Bahn für militärische Zwecke. Wichtige Brücken und ganze Streckenabschnitte wurden daraufhin von britischen Agenten und ihren Beduinenverbündeten zerstört. So blieb den Mekka-Pilgern diese Route fortan verwehrt. Später wurden zwar einige Teilstrecken wieder in Betrieb genommen, doch Überlandreisen dieser Art verloren mit dem Siegeszug des Automobils an Bedeutung.

Der ägyptische Brauch, den Hadsch symbolisch im Bild festzuhalten, läßt sich keine hundertdreißig Jahre zurückverfolgen, kann also nur eine relativ kurze Tradition für sich beanspruchen. Die Ursprünge dieser Kunst liegen im dunkeln. Daß sie ungelenk und anspruchslos war, davon geben auch später entstandene Bildwerke noch genügend Zeugnis. 1878 veröffentlichte Georg Ebers sein Buch *Ägypten – Beschreibung, Geschichte und Kunst*, in dem es heißt: »Über vielen Türen sind schlichte Bildwerke zu sehen..., das Gemälde des Kamels und des Dampfschiffes, mit denen der Hausherr seine Pilgerreise nach Mekka durch die Wüste und übers Rote Meer machte.«

Mehr als fünfzig Jahre später schrieb Emil Ludwig in seinem Buch *Der Nil*: »Hier hat jemand ein romantisches Kamel an die Wand gemalt, neben der Eisenbahn. Doch man will nicht den schnittigen weißen Zug viermal täglich am Nil entlangflitzen sehen, sondern das kuriose, altertümliche Gefährt, mit dem der Vater nach Mekka reiste.«

Wann je aber hätte das, was man primitiv nennt, nicht seinen eigenen Reiz? Gleichgültig, ob Ebers' »schlichte Bildwerke« oder Ludwigs »romantisches Kamel« – das Kinderbildhafte, das auch heute noch in vielen Gegenden Ägyptens an Hadschihäusern zu beobachten ist, ist Teil einer Kunstrichtung, die sich aus vielen Facetten zusammensetzt.

REISEN HEUTE

Bis Anfang der fünfziger Jahre gab es in Saudi-Arabien nur 55 Kilometer gepflasterte Landstraßen. Dann aber wurde ein modernes Straßennetz angelegt, das die wichtigsten Städte miteinander verbindet.

Die durch das Öl reich gewordenen Saudis, die derzeit den Heiligen Bezirk verwalten, haben moderne Autobahnen zwischen Dschidda und Kuwait sowie Riad und Medina gebaut. Asphaltstraßen führen nach Norden zur jordanischen Grenze und nach Osten zu den Golfstaaten. Ohne die vielspurigen Fernstraßen wäre der Pilgerverkehr heutzutage nicht zu bewältigen. Allein 900 000 Saudis benutzen sie für ihre Mekka-

Fahrt. Häufig folgt das Nationalstraßennetz den uralten Routen der Kamelkarawanen. Mekka ist für die großen Pilgerströme gut gerüstet.

Doch als Hauptbeförderungsmittel der Hadschpilger hat sich das Flugzeug durchgesetzt – und das schon seit Ende des Zweiten Weltkriegs. Weit über die Hälfte der Ausländer (manche sprechen sogar von bis zu 90 Prozent) bevorzugen diese Transportart: Flug bis Dschidda, dann Weiterfahrt nach Mekka mit dem Autobus. Das Düsenzeitalter hat die Organisation des Hadsch enorm beeinflußt, allein schon wegen der gewaltigen Pilgermassen.

Dschiddas moderner Flughafen ist während der einmonatigen Hadschsaison rund um die Uhr in Betrieb. Im Verlauf von 24 Stunden werden im Schnitt dreihundert Starts und Landungen gezählt – von Jumbojets bis zu kleinen Privatmaschinen. Üblicherweise wird Dschidda mit Chartermaschinen internationaler Gesellschaften direkt angeflogen. So sind 50000 Pilger – 2000 pro Stunde – täglich abzufertigen und dann auf den Weg Richtung Mekka zu bringen.

PLANUNG DES HADSCH

In jedem Land wird der Hadsch schon Monate im voraus geplant. In Ägypten beispielsweise fahren Pilgeragenten landauf, landab und kommen selbst in die abgelegensten Dörfer des Niltals und in die einsamsten Oasen, um Pilgergruppen für die Fahrt nach Mekka zu organisieren.

In der Heimat sind Sammelplätze eingerichtet, die die Gläubigen – oft von Verwandten, Freunden und Bekannten begleitet – zu Fuß, auf Kamelen, Eseln, mit Autos oder sonstigen Fortbewegungsmitteln erreichen. Sodann große Verabschiedung mit Gebeten für eine erfolgreiche, gute Reise. Von dort aus geht es nach Fahrplan mit öffentlichen Verkehrsmitteln zu den zuständigen Flug- und Seehäfen – beispielsweise nach Suez für diejenigen, die aus Sparsamkeits- oder sonstigen Gründen eine Schiffsfähre benutzen. Das nächste Etappenziel: Dschidda in Saudi-Arabien, der größte Pilgerumschlagplatz, das Tor zum Hedschas.

Der Hedschas umfaßt den Westteil Saudi-Arabiens, wo Mohammed seine größten Siege erstritt. Dort, im Heiligen Bezirk, befinden sich die von den Gläubigen aufgesuchten Pilgerstätten: Mekka, Mina, Medina und Arafat.

DER NAHE OSTEN

AUSSCHNITT DES HEILIGEN BEZIRKES

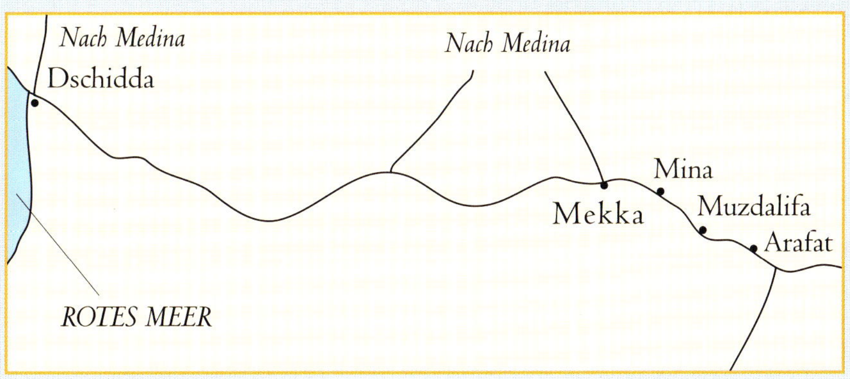

DAS ÄGYPTISCHE NILTAL

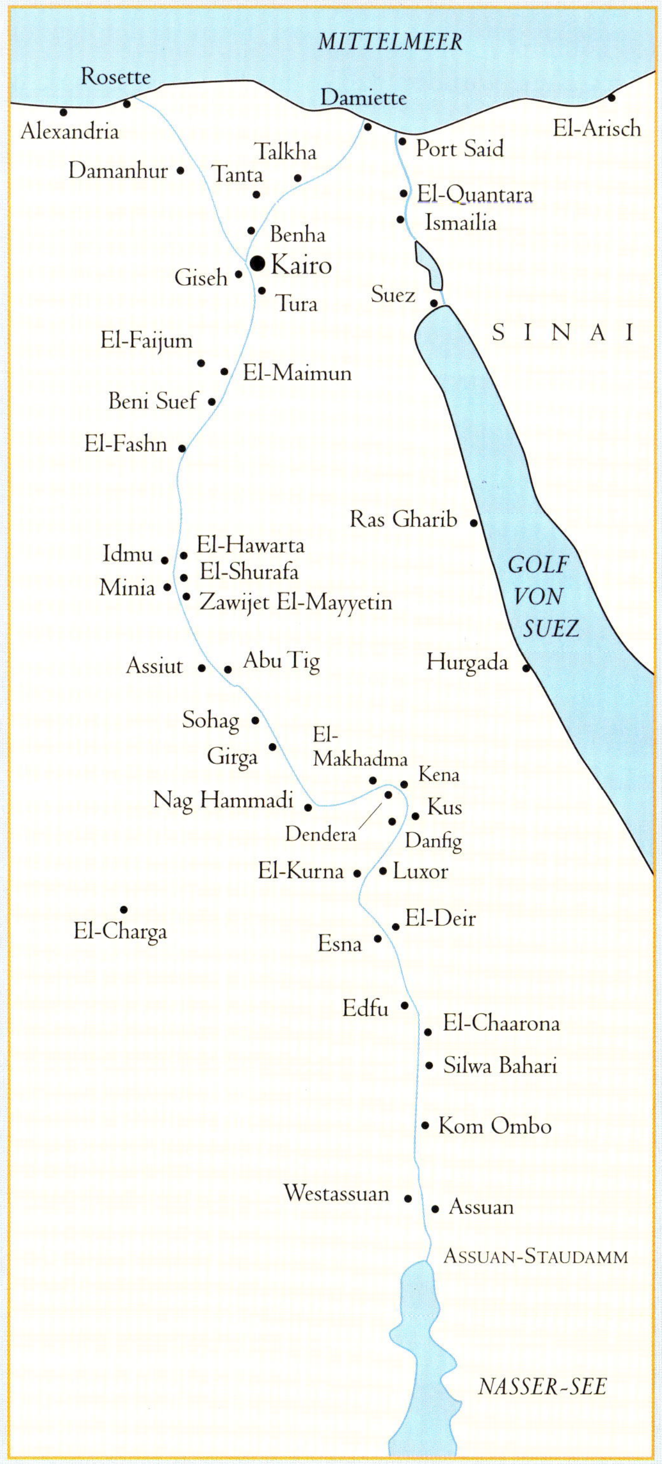

AMON OF ALABASTAR.
بسم الله الرحمن الرحيم
إنا فتحنا لك فتحا مبينا
محمد أحمد حسن عمار
MOHAMED AHMED HASSAN

Geschäfte und Werkstätten in Touristenzentren wie El-Kurna sind geschickt mit solchen Bildern dekoriert, die in trauter Eintracht das Kommerzielle und die heilige Pilgerschaft nebeneinanderstellen.

In diesem Beispiel beschränkt sich das Geschäftliche allerdings auf zweisprachige Ladenschilder, die die Wirkungskraft des eindrucksvollen Tableaus kaum schmälern. Ahmed El Tauib Mohammed El Naggar (wir wollen seinen Namen künftig auf El Tauib begrenzen) hat sich bei diesem Hadschbild auf folgende Bildelemente konzentriert: Ein buntgekleideter Musiker spielt zu einem alten Stocktanz auf; mit einem Wasserkrug auf dem Kopf schreitet ein Mädchen anmutig vorbei, und ein Beduinenreiter zügelt sein edles Pferd; als Kontrast dazu ein Blick in die Geschichte mit Pharaonenmotiven, entlehnt alten Grabgemälden, die ein paar Kilometer von hier zu besichtigen sind.

ANKUNFT IN MEKKA

Gleichgültig, zu welcher Tageszeit die Pilger in Mekka ankommen, nach kurzer Besichtigung des Quartiers wollen sie möglichst bald die Haram-Moschee aufsuchen. Die Große Moschee, wie sie allgemein heißt, faßt über 300 000 Menschen und ist während des Hadsch normalerweise bis zum letzten Platz gefüllt. Ehrfurcht, vermischt mit erwartungsvoller Neugier, erfüllt den Gläubigen beim Anblick der Großen Moschee. Kaum hat er den Innenhof betreten – nach der Sitte mit dem rechten Fuß zuerst –, wird er sogleich in den Menschenwirbel des Ankunfts-Tawafs hineingezogen. Tausende, hingerissen von der Kraft des Glaubens, vollziehen den siebenmaligen Rundgang um die Kaaba. Wer ein Leben lang von diesem ersten Augenblick an heiliger Stätte geträumt hat, dessen Herz mag leicht aus dem Takt geraten.

KAABA UND KISWA

Die Kaaba im Zentrum des weiträumigen Hofes der Großen Moschee bietet sich dem Betrachter als ein imposant aufragendes Monument aus grauem Stein, einem Würfel ähnlich, mit einer Grundfläche von etwa 12 mal 10 Metern und einer Höhe von 15 Metern. Dieser Würfel wird von einem goldbestickten schwarzen (im Pilgermonat weißen) Brokatumhang verhüllt, der sogenannten Kiswa, auf der ein breites Band mit kalligraphischer Schrift verläuft, die, von allen Seiten gut sichtbar, Koranverse wiedergibt. Jedes Jahr nimmt in einer eigenen Zeremonie der König von Saudi-Arabien eine rituelle Reinigung der Kaaba vor, und zwar im Innern des Heiligtums. Die alte Kiswa wird entfernt und die neue über dem Kubus ausgebreitet. Bei dieser feierlichen Handlung wird einem privilegierten Familienclan die Ehre zuteil, den alten Umhang von der Kaaba abzuhängen und in Stücke zu zerschneiden, die an Pilger als Amulette oder Souvenirs der Mekka-Wallfahrt verkauft werden. Ist das Hadschritual vollbracht und im Hedschas wieder der Alltag eingekehrt, so schützt die neue Kiswa den Kubus bis zur nächsten Großen Pilgerfahrt vor Wind und Wetter. Mekka erwartet dann nur noch die Pilger der Umra, der kleinen Wallfahrt, die an keine besonderen Zeiten gebunden ist und das ganze Jahr über absolviert werden kann.

MAHMAL

Schon vor Jahrhunderten hatte die Kiswa, Religiöses und Politisches miteinander mischend, eine mystische Ausstrahlungskraft. Traditionsgemäß wurde der Umhang aus kostbarer Seide in Ägypten hergestellt und jedes Jahr in einer großen Kamelkarawane nach Mekka verbracht – in der legendären Mahmal, einer farbenprächtigen Kameltrage, in der sich auch eine kostbare Ausgabe des Heiligen Buches befand. Für die Ägypter war das eine große Auszeichnung. Es war beeindruckend, wenn diese Trage an der Spitze des Zuges durch den brennendheißen Wüstensand zog. Da Räuber und plündernde Beduinenstämme Karawanen um harter Tributforderungen willen zu überfallen pflegten, war eine bewaffnete Militäreskorte zum Schutz der Mahmal unvermeidlich. So wurde jedes Jahr ein prächtiges Schauspiel geboten, wenn die Soldaten unter schriller Musik, Tänzen und fröhlichem Lärm stolz in die heilige Stadt einmarschierten und die Zuschauer die in der Sonne leuchtenden Schabracken der Kamele bewunderten. Generationenlang war das Brauch, bis 1926 ein Streit über die Frage ausbrach, ob bewaffnete Truppen Mekka überhaupt betreten dürften.

Es kam zu Ausschreitungen mit mehreren Toten. Daraufhin wurde beschlossen, die Kiswa künftig in Mekka herzustellen. Mit dieser Entscheidung kam die Mahmal zwar außer Gebrauch, doch in den romantischen Hadschmalereien wird sie natürlich noch immer dargestellt. Die Weber von Mekka weben den neuen Umhang alljährlich in einer eigens zu diesem Zweck errichteten Werkstatt. Dabei werden 2300 Meter Faden verbraucht, die fertige Kiswa wiegt mehr als 5000 Pfund.

DER SCHWARZE STEIN

Der vorgeschriebene Tawaf, der Rundgang um die Kaaba, beginnt damit, daß der Pilger den unvergänglichen Schwarzen Stein, der in einer Silberfassung in die Ostecke des Heiligtums eingelassen ist, küßt, berührt oder wenigstens mit einer Geste grüßt. Man glaubt, daß es sich bei diesem Schwarzen Stein um einen Meteoriten handelt, der schon lange vor dem Religionsstifter Mohammed von Angehörigen arabischer Stämme verehrt wurde. Nach einer anderen Version brachte den Stein, der ursprünglich weiß war, durch die Sünden der Menschen aber schwarz wurde, der Erzengel Gabriel vom nahen Gebirge an diese Stelle. Als Mohammed die Kaaba von Hunderten von Götzenbildern säuberte, ließ er den Schwarzen Stein, dem seit altersher magische Kräfte zugeschrieben werden, ganz bewußt an seinem Platz. Er gilt als ein Eckpfeiler des islamischen Glaubens. Angesichts der Menschenmassen ist es ein Kunststück, sich einen Weg zu dem heiligen Stein zu bahnen. Während des Tawafs laufen die Pilger die ersten drei Male ziemlich schnell gegen den Uhrzeigersinn um den heiligen Kubus, die restlichen vier Male etwas langsamer, dabei mit lauter Stimme Gebete aus dem Koran sprechend.

Ein mächtiges Dröhnen erfüllt die Luft, wenn Allah aus tausend und abertausend Kehlen angerufen wird. Wie aus einem Munde steigt das Gebet zu Gott empor: »Labbaika-Allahumma, Labbaik!« (Hier bin ich, Gott, zu Befehl, hier bin ich!) – während die Menge wie eine mächtige Woge um die Kaaba rauscht. Dieses Tawaf-Ritual wird während des Hadsch dreimal wiederholt. Der Zeitpunkt hängt jeweils davon ab, welche anderen Besuche im Heiligen Bezirk noch vorgesehen sind. Das Ritual beginnt mit dem siebenmaligen Ankunfts-Tawaf, wird nach der Verweilzeremonie mit dem mittleren Tawaf fortgesetzt und endet auf dem Höhepunkt des Hadsch mit dem Abschieds-Tawaf, einem abschließenden Rundlauf.

DER ZAMZAM-BRUNNEN

Nach dem ersten siebenfachen Rundgang um die Kaaba müssen die Pilger den Saʿi, den Lauf, vollbringen. Dieser Brauch verlangt, siebenmal zwischen den beiden Felsen al-Safa und al-Marwa hin und her zu rennen (eine Distanz von insgesamt zweieinhalb Kilometern). Damit ahmt der Pilger Abrahams Magd Hagar nach, die verzweifelt nach Wasser suchte, um ihres Sohnes Ismael Durst zu löschen.

Es heißt, der Erzengel Gabriel sei ihr erschienen und habe die durch die Wüste irrende Mutter zu einer Quelle geführt, dem heutigen Zamzam-Brunnen.

Für den Gläubigen ist dieser Brunnen ein Ort der Verehrung, denn sein Wasser rettete Ismael, den Stammvater der Araber, vor dem Tod. Was einst öde Wüste war, ist heute ein vierhundert Meter langer, überdachter Weg mit moderner Klimaanlage und Marmorfliesen. An diesem Zamzam-Brunnen unweit der Kaaba findet der rituelle Lauf schließlich sein Ende. Hier stillen psychisch und physisch erschöpfte Pilger ihren Durst. Wasserträger, die sogenannten Zamzami, eilen durch die Menge und verteilen das heißbegehrte heilige Quellwasser. Aber dies ist nur die erste von mehreren Gelegenheiten, aus dem heiligen Brunnen zu trinken, dessen Wasser auch als Geschenkartikel beliebt ist.

Die heilige Kaaba wird von einem mit Koranversen bestickten schwarzen Tuch bedeckt, der sogenannten Kiswa. Nach alter Überlieferung wird diese Kiswa alljährlich durch eine neue ausgetauscht. Ägypten wurde über Jahrhunderte die Ehre zuteil, das Tuch zu weben und es unter bewaffnetem Geleitschutz feierlich nach Mekka zu transportieren. Als 1926 ein Streit darüber entbrannte, ob in Mekka Waffen geduldet werden dürften, kam es zu blutigen Ausschreitungen. Ägypten verlor sein Privileg an Mekka, wo die Kiswa seitdem in einer Fabrik hergestellt wird.

Der Künstler Abdel Rasik schildert hier die zeremonielle Prozession auf dem Weg zur Großen Moschee. Ein prächtig geschmücktes Kamel trägt das gestickte Tuch in einer Mahmal, einer Sänfte oder Trage, mit hellen Sternen und festlich wehenden Fahnen. Der Führer schreitet bannerschwingend stolz voran, gefolgt von berittenen Soldaten mit den Waffen im Anschlag. Die kriegerische Wirkung wird gemildert und die friedliche Mission betont durch ein üppiges Blumenornament zwischen dekorierten Säulen.

Nach der Legende war es genau hier, neben dem Zamzam-Brunnen, daß Abraham gemeinsam mit seinem Sohn Ismael einen Tempel errichtete. Wandernden Stämmen, die sich dort einmal jährlich trafen, diente er als Gebetsstätte. Es war das erste Gotteshaus an diesem Ort, das zu Mohammeds Zeiten, von allen Götzenbildern befreit, zur Moschee wurde. Mekka, um 150 n.Chr. erstmals in den Schriften des Claudius Ptolemäus erwähnt, war über Jahrhunderte ein Mittelpunkt der Götzenverehrung, als dort 570 n.Chr. Mohammed, der letzte große Religionsstifter, geboren wurde. Hier empfing der Prophet seine erste Offenbarung. Folglich gilt die Stadt als das spirituelle Zentrum des Islams. Als Mohammed gegen die Vielgötterei predigte und seinen Glauben an einen einzigen Gott verkündete, gewann er zunächst nur wenige Anhänger. Besonders feindselig gegen die neue Lehre verhielt sich Mekkas Handelsaristokratie. So kam die Hedschra im Jahre 622, die Auswanderung in die Oase Jathrib, einer Flucht gleich. Doch im Kampf um die Ausbreitung des Islams brachte dies die Wende. Jathrib, als Stadt des Propheten Medina genannt, wurde religiöses Zentrum und Ausgangsbasis für den Krieg gegen Mekka. Im Jahre 630 fiel die Stadt nach mehreren Schlachten dem

Ein Spätnachmittag am Nil. Die Federfächerspitzen der hohen Dattelpalmen recken sich noch nach dem leisesten Lufthauch. So erzeugen sie die Illusion einer gar nicht vorhandenen Kühle. Im Schatten der Wipfelbaldachine erzählt ein Haus die Geschichte seiner Bewohner, die Geschichte eines Hadsch. Seltsam, wie sich die Symbolik der Mekka-Wallfahrt im zivilisatorischen Erscheinungsbild der dörflichen Umgebung widerspiegelt. Im Zentrum der Hausfassade die Große Moschee als Sinnbild einer fest verankerten Kulturtradition – und der Mensch in dieser Welt, der, auf einem Esel reitend, sich der Tradition seiner Vorväter verpflichtet; Kriegsschiff und Düsenjäger, die anderen Bildkomponenten, als Bedrohungen durch den technischen Fortschritt – und Lastwagen und Stromleitungen als Nothelfer des technischen Fortschritts im realen Leben. Dazwischen Komposthaufen, Ziegelablagen, Felstrümmer als Daseinsform und Metapher des Chaos zugleich.

القطار

Propheten und seinen Mitstreitern kampflos in die Hände – zwei Jahre vor seinem Tod in Medina, dem nach Mekka wichtigsten Wallfahrtsort.

VON MEKKA ZUM ARAFAT

Haben die Pilger den ersten der drei vorgeschriebenen Tawafs und andere religiöse Zeremonien in Mekka absolviert, dann fahren sie in vollbepackten Bussen oder sonstigen Fortbewegungsmitteln in die Ebene von Arafat. Dort ist wie in Muzdalifa eine Zeltstadt als provisorische Unterkunft für die Hunderttausende entstanden, die in der Nacht vom achten auf den neunten Tag des Monats Dhu al-hidjdja beten und ausruhen wollen. Unter dem gewaltigen Ansturm der Pilger hat sich die ganze Ebene in ein anscheinend endloses Meer weißer Leinwandbahnen verwandelt. Selbst in der Nacht kommt der Verkehr nicht zur Ruhe.

Es wird von jedem Pilger des Hadsch erwartet, daß er den Nachmittag des zehnten Tages des Dhu al-hidjdja, des zwölften Monats nach dem islamischen Mondkalender, stehend am Arafat verbringt, den man auch den Gnadenberg nennt. Dort versammeln sich unübersehbare Heerscharen gleichartig gekleideter Pilger, wo Mohammed ein letztes Mal gepredigt hatte. Hier stehen sie dann – die Männer barhäuptig, die Frauen mit bedecktem Kopf – von Mittag bis Sonnenuntergang, mit ausgestreckten Armen oder ähnlichen Demutsgesten. Erregung läßt die Luft erzittern, wenn die Pilger ihre Gebete sprechen und aus dem Koran Suren verlesen werden. Diese Massenmeditation, das Zeremoniell des Verweilens, gilt als Höhepunkt des Hadsch. Der Bund mit Gott wird erneuert, der Glaube an Allah bestätigt und befestigt. Sollte jemand durch ein Mißgeschick diesen besonderen Nachmittag versäumen oder das Ritual nicht korrekt erfüllen, wäre die ganze Wallfahrt umsonst gewesen. Mit diesem Bittgottesdienst am Arafat ist der Hadsch vollzogen, wenn auch noch nicht beendet. Von nun an darf der Pilger für den Rest seines Lebens den Ehrentitel Hadschi bzw. Hadscha führen. Die Teilnahme an den folgenden Zeremonien ist nicht zwingend vorgeschrieben.

MUZDALIFA

Nachdem mit Sonnenuntergang die Pflichten der Verweilzeremonie erfüllt sind, versuchen die körperlich zwar erschöpften, aber innerlich gestärkten Hadschis auf schnellstem Wege von Arafat ins sechs Kilometer entfernte Muzdalifa zu gelangen. Mit dieser Nafra, dem hektischen Aufbruch, soll der hastige Abzug des Propheten aus der Ebene von Arafat nachgeahmt werden – eine abenteuerliche Fahrt, an der sich ein Heer von Fahrzeugen aller Typen – hunderttausend und mehr – beteiligt; ein absurdes Wettrennen von Bussen, Taxis, Last- und Personenwagen mit dem Ziel, die Zeltstadt als erster zu erreichen.

Ist die Fahrzeugwoge schließlich nach Muzdalifa geschwappt, verbringen viele Pilger, soweit sie nicht der Schlaf übermannt, die Nacht in Meditation und Gebet. Andere suchen in der Dunkelheit nach einer Handvoll erbsengroßer Kieselsteine, die sie am nächsten Tag für das rituelle Steinewerfen benötigen. Im nahen Mina schleudert man die Kiesel gegen drei Steinpfeiler, die Jimra, die als Verkörperungen des Satans gelten.

MINA

Symbolisch gesehen, handelt es sich um einen inneren Reinigungsprozeß, um die Zurückweisung der Versuchung und den lebenslangen Kampf des Menschen gegen das Böse. Im Verlauf von drei Tagen wirft man insgesamt 49 kleine Steine gegen die Pfeiler.

Bei jedem Aufprall eines Steins werden Gebete zum Lobe Allahs und zum Schutz gegen den Versucher gesprochen. Dieser Vorgang unterliegt strengster Aufsicht, um hysterischen Ausbrüchen einen Riegel vorzuschieben. Doch oft ist die erregte, Kopf an Kopf stehende Menge kaum zu bändigen, da sich gerade in dieser Zeremonie autosuggestiver Emotionalität etwas für den Gläubigen Entscheidendes erfüllt: Der Bruch mit den Kräften des Bösen soll den Weg für den ersehnten Neubeginn öffnen.

DAS FEST DER OPFERUNG

Während der dreitägigen Periode vom zehnten zum dreizehnten Dhu al-hidjdja findet auch das Fest der Opferung statt, das Id al-adha. Es geht auf die Legende von Abraham und Ismael zurück und wird in allen Teilen der islamischen Welt gefeiert, was wiederum mit bestimmten Zeremonien verbunden ist. Freunde und Familien kommen betend und Geschenke austauschend zu einem Freudenfest zusammen. Dabei wird von jedem moslemischen Familienoberhaupt erwartet, ein makellos gewachsenes Tier zu schlachten. Gewöhnlich wird ein Schaf oder eine Ziege getötet, manchmal auch ein

Kamel oder, wenn sich die Familie kein größeres Opfer leisten kann, ein Huhn. Falls jemand das Blutritual nicht selber vollziehen will, stehen spezielle Metzger zur Verfügung. Unter bestimmten Umständen darf dieses Tieropfer auch durch entsprechende Almosen ersetzt werden.

Früher wurden Teile des Opferfleisches in der Sonne getrocknet und dienten rückreisenden Pilgern als Proviant. Der Rest war für die Armen. Seit dem ungeheuren Anwachsen der Pilgerzahlen aber muß man bei der Verwertung der riesigen, nicht verbrauchten Fleischmengen anders verfahren, denn in Saudi-Arabien hat man zum Opferfest ganze Herden zusammengetrieben. So sorgt eine von der Regierung eigens errichtete Kühlfabrik für die Konservierung der überschüssigen Fleischberge.

MEDINA

Die Fahrt nach Medina, etwa 350 Kilometer nördlich von Mekka, ist kein obligatorischer Teil des Hadsch. Doch planen sie die meisten Pilger ein. Man kann sich vor oder nach den Ritualen der Großen Pilgerfahrt dorthin begeben, das hängt von den offiziellen Zeitplänen ab. Da aber der Andrang in der Moschee des Propheten und in den anderen heiligen Stätten sehr groß ist, muß auch dieser Abstecher wie die übrigen Aktivitäten des modernen Hadschis gut organisiert sein.

Den Pilgern sind daher spezielle Zeiten für ihren Besuch vorgegeben. Ausnahmen werden nur bei offiziellen Delegationen gemacht. Sie bekommen besondere Pässe und dürfen sich, ohne an Termine gebunden zu sein, überall frei bewegen.

Medinas Besucher sind nicht verpflichtet, das spezielle Ihram-Gewand zu tragen – wie hier überhaupt die Atmosphäre entspannter und heiterer wirkt. So tauschen die meisten Männer bei der ersten sich bietenden Gelegenheit ihr Hadschgewand gegen gewöhnliche Straßenkleidung ein, während die Frauen ihre Pilgertracht nicht ablegen, zumal sie sich von der Alltagskleidung ohnehin kaum unterscheidet.

Eine Ermahnung des Propheten lautet kurz und bündig: »Wer den Hadsch vollbringt, ohne mich zu besuchen, ist ein grober Flegel.« Daher gilt ein Besuch der Moschee des Propheten als Höhepunkt jedes Medina-Aufenthalts.

Der Botschafter Gottes liegt im sogenannten Garten des Paradieses begraben, unweit der Gräber seiner geliebten Tochter Fatima sowie seiner Gefährten Abu Bakr und Umar, den ersten Kalifen. Allerdings ist es dem Gläubigen nicht gestattet, an Mohammeds Grab zu beten oder sich davor niederzuwerfen.

Dieses Gemälde eines Hadschihaus-Künstlers, der in den siebziger Jahren in der Gegend von Luxor arbeitete, erinnert partiell an Arbeiten des Schweizer Malers Paul Klee. Sieht man einmal von der eher traditionellen Nachbildung der Moschee des Propheten in Medina ab, so fällt die geradezu genüßliche Exzentrik dieser surrealistisch wirkenden Komposition auf. Furchtlos wehrt ein Mitglied der Eskorte einen Luftangriff auf die Mahmal ab, in der der Brokatumhang der Kaaba nach Mekka befördert wurde. Ein Krokodil, das sich in Chagallscher Manier durch den Raum bewegt, gerät zur Bildmetapher für Bedrohung und Zerstörungskraft, die sich in einem anderen Bildausschnitt durch die Kampfszene zwischen Fallschirmspringer und Pistolero ins Reale wandelt. Der Zitatcharakter ist unverkennbar.

Medina ist ein Einkaufsparadies. Seine Geschäfte und Basare quellen über von Waren zu Spottpreisen: Fernseher, Radios, Uhren, Wecker, Parfüm und Schmuck, Bücher, Koffer und Kleider jeglicher Machart, aber auch Gebetsperlen und -teppiche, Koranexemplare von Miniaturausgaben bis zu großformatigen Prachtbänden, Bilder der Kaaba und sonstige Devotionalien. Ein zollfreies Überflußangebot, das die Geschenkauswahl für Freunde und Verwandte nicht gerade erleichtert. So besichtigen die Pilger in den Gebetspausen die Stadt und schlendern durch die Basare. Prallgefüllte Koffer zeigen an, daß sich der Hadsch allmählich seinem Ende nähert.

Für strenggläubige Pilger wäre ein Medina-Aufenthalt von mindestens acht Tagen angemessen, um fünfmal täglich vierzig Gebete zu Ehren des Propheten zu sprechen. Doch einen Aufenthalt von dieser Dauer können sich nur ein paar Glückliche leisten, die meisten reisen nach ein, zwei Tagen wieder ab.

Bevor aber die Pilger Saudi-Arabien verlassen, fahren sie, erneut das Ihram-Gewand anlegend, noch einmal nach Mekka, um am Abschieds-Tawaf, dem letzten siebenfachen Rundgang um die Kaaba, teilzunehmen. Jeder Hadschi, der seinen Wallfahrtspflichten vollauf genügt hat, fühlt sich jetzt durch die geistige Reinigung und Verjüngung zu einem neuen Leben bereit.

Die Rückfahrt nach Ägypten, in der Regel dieselbe Route wie auf dem Hinweg, kommt einem Triumphzug gleich. Autos, Wohnmobile und Busse sind schwer überladen – und obenauf flattert die weiße Fahne, die die glückliche Heimkehr des Hadschis meldet. Am Wegrand winkende Menschen. Endlich zu Hause, findet die Wallfahrt ihren festlichen Abschluß.

HADSCHMALEREI

Die Anfänge der religiösen Wandmalereien mit Hadschsymbolen liegen im dunkeln. Niemand weiß genau, wie und wann dieser Brauch aufkam. Die Idee fand jedenfalls schnell Anklang und entwickelte sich in kurzer Zeit zu einem blühenden Zweig der Volkskunst. Manche vermuten, der Brauch sei in Ägypten während der osmanischen Besetzung von den Türken eingeführt worden. Vielleicht aber, so eine andere Spekulation, reichen die Wurzeln bis ins alte Ägypten zurück. Denn seit Urzeiten wurden in diesem Land Häuser geschmückt.

Von Höhlenmalereien und Felszeichnungen in prähistorischer Zeit abgesehen, begann dies unter den Pharaonen mit aufwendig dekorierten Gebäuden. Und besonders charakteristisch wurde es für die Königsgräber mit ihren Hieroglyphen und Alltagsszenen. Auch die Nubier Oberägyptens haben ihre Häuser offenbar immer dekoriert, zumeist mit Blumenmotiven und geometrischen Mustern.

Vielleicht knüpfen die Malereien der heutigen Hadschkünstler an diese alte Tradition an, auch wenn sich ein konkreter Bezug natürlich nicht herstellen läßt.

Wie gesagt: Niemand weiß genau, wie und wann die Hadschihaus-Kunst aufkam. Ägypter, die noch im 19. Jahrhundert aufgewachsen sind, wußten aus ihren Jugendtagen von solchen Bildern zu erzählen. Reisetagebücher, Skizzenbücher, Zeichnungen und seltene Fotografien beweisen immerhin, daß diese Malerei vor hundertdreißig Jahren bereits üblich war, wenn auch bei weitem nicht in dem Umfang wie heute.

Bei dem Versuch, die Anfänge dieser Kunstrichtung zu erhellen, läßt sich ein entscheidendes Hindernis nicht beseitigen: die Fragilität der Objekte. Wind und Wetter schutzlos preisgegeben, ist der relativ rasche Verfall der Hadschbilder unvermeidlich. Zudem werden die Kenntnisse über diese Kunst nicht gerade gefördert, wenn moderne

Reiseführer diese Pilgerbilder zwar erwähnen, doch ihre Bedeutung gründlich mißverstehen. Gemeinhin ist von Graffiti oder gar von »kindlichen Schmierereien« eines ungebildeten Bauernvolks die Rede.

In den Anfängen der Hadschmalerei begnügte man sich mit einfachen Inschriften, d. h., an der Hauswand wurde der Name des Hadschis und das Datum seiner Wallfahrt eingraviert, manchmal ergänzt durch ein Koranzitat in großen Buchstaben. Damit war dem Informationsanspruch der dörflichen Öffentlichkeit Genüge getan: Hier wohnt ein Hadschi. Die ersten wirklichen Bilder, noch sehr primitiv, wurden vermutlich von Familienmitgliedern fabriziert – gedacht als flüchtig skizzierte Erinnerungen an das Mekka-Erlebnis und sicher als Hilfsmittel für Analphabeten.

Erst mit der symbolischen Darstellung der Pilgerstationen war die eigentliche Hadschmalerei geboren. Der Brauch machte Schule und breitete sich aus, so daß es bald nichts Ungewöhnliches mehr war, wenn sich im Dorf etliche Häuser durch ihre Farbenpracht von dem erdbraunen »Kolorit« der Umgebung abhoben. Schließlich bildete sich eine eigene Tradition, unverzichtbar bei den Festen zu Ehren der Hadschheimkehrer. Je nach Geschick und Talent entwickelte jeder Künstler seine eigene Technik.

An thematischen Anregungen besteht kein Mangel. Ansichtskarten und illustrierte Reiseführer, wohl auch Zeitschriften, vor allem aber das Fernsehen, das während der Hadschsaison täglich stundenlang aus Mekka überträgt, bieten den Malern genügend Anschauungsmaterial. Gerade das Fernsehen hat dazu beigetragen, jedermann mit den heiligen Zeremonien und dem Flair dieses Erlebnisses vertraut zu machen. Doch nur wenige Maler kennen den Hadsch aus eigener Erfahrung. Was alle erhoffen, bleibt für die meisten zeitlebens ein Traum.

Nur wenige Hadschihaus-Maler sind professionelle Künstler. In der Regel gehen sie alltäglichen Berufen nach, malen nur in der Hadschsaison, die durchschnittlich drei Wochen dauert. Ein willkommenes Extraeinkommen, das die karge Haushaltskasse belebt. Manche Künstler pflegen jüngere Kollegen anzuleiten. Fast alle arbeiten in ihrem eigenen Dorf und den Nachbargemeinden und geben sich die größte Mühe, ihre Aufgabe rechtzeitig vor der Heimkehr der Pilger abzuschließen. Denn die Hadschis sollen gebührend empfangen werden.

Der typische Hadschkünstler ist Dorfschullehrer, der sich autodidaktisch das Schildermalen beigebracht und so seine Erfahrungen gesammelt hat. Einer der in diesem Buch vorgestellten Künstler ist von Beruf Udspieler in einer Dorfkapelle, d. h., er schlägt die Laute. Ein anderer hat mehrere Jahre für die Telefongesellschaft gearbeitet. Ein dritter arbeitet als Zeichner bei archäologischen Projekten. Die Mehrzahl ist zwi-

Soweit Hadschmalereien auch in Städten anzutreffen sind, stehen sie häufig in Konkurrenz zu benachbarten Ladenfronten, was bedeutet, daß sich die Wandgemälde in ihrem Format aufs Notwendigste beschränken müssen.

Eingekeilt zwischen einem Schlüsselschmied und einem Shish-Kebab-Stand in Minia, verliert sich diese blaue Wand in der Fluchtlinie einer städtischen Häuserfront. Über dem Eingang, teils versteckt unter belaubten Zweigen, stehen die Pilgernamen und das Jahr der Wallfahrt. Rechts von der Tür ist eine Szene mit drei Vögeln zu sehen, die über die Minarette der Großen Moschee und die heilige Kaaba hinwegfliegen.

1. DIE REISE

Festlich herausgeputzt sitzt diese Stammesfrau würdevoll unter einer schmucklosen, doch ausdrucksstarken Wandmalerei, die an ihre Mekkafahrt 1980 erinnert. Den Reichtum ihrer Familie weist der Gesichtsschleier aus schimmernden Goldmünzen aus. Ob im Auftrag oder aus Laune hat der Künstler ein nautisches Motiv gewählt, zweifellos, um zum Ausdruck zu bringen, wie sehr diese in der Wüste aufgewachsene Hadscha vom Anblick des Meeres überwältigt gewesen sein muß. Das Schiff mit dem unverhältnismäßig großen Anker ähnelt den Fähren, die die Pilger von Suez übers Rote Meer nach Dschidda befördern. Ein überdimensionaler Schuppenfisch unterstreicht die einzigartige Erfahrung des Wasserabenteuers, dem sich die Hadscha ausgesetzt hatte. Daß es auch Wüstenbewohner gibt, die ihr Nomadendasein gegen ein seßhaftes Leben eintauschen, widerspricht dem gängigen Klischee. In diesem Fall bot ein Geschäft für Fensterglas und Spiegel eine neue Existenz. So kommen die Mittel für den Hadsch zusammen.

١٩٨٠

In längst vergangenen Zeiten, an die sich nur die ältesten Hadschis noch erinnern, war es üblich, daß bunt aufgeschirrte Kamele von den Nildörfern ins weit entfernte Saudi-Arabien zu den heiligen Stätten zogen. Heute benutzt ein Kamelbesitzer aus Oberägypten sein Tier höchstens für die kurze Strecke zwischen Wohnung und Bahnhof.

Genaue Beobachtungsgabe zeichnet diesen Maler aus. Noch einmal, kurz vor dem Aufbruch ins ferne Mekka, prüft der Pilger, ob die Ladung sicher festgezurrt ist. Dann kann sich das genügsame Lasttier erheben und sich in die Karawane einreihen. Modernes Reisegepäck und die schon vom Propheten praktizierte »Beförderungstechnik« machen, Tradition und Fortschritt zusammenzwingend, den Reiz dieser Darstellung aus. Man beachte, wie die Griffe der beiden Koffer zusammengebunden und diese am Tragsattel befestigt sind. Ali Eid Yasin aus Silwa Bahari ist ein Meister charakteristischer Details. Seine Werke, unverkennbar in ihrer spielerischen Freude an der Bildkomposition, beschäftigen sich häufig mit Szenen aus dem dörflichen Alltag.

Aus dem vielfältigen Angebot an Reisemöglichkeiten bietet dieses Bild eine kleine Auswahl. So beginnt in den größeren oberägyptischen Städten der Hadsch mit einer Kutschenfahrt zum Bahnhof – um von dort mit der Eisenbahn nach Kairo zu fahren, der ersten Etappe auf dem Weg nach Mekka.

Auffällig ist das militärische Element in der Bildkomposition. Das Gemälde (ein anderer Teil der Abbildung von Seite 47) wurde vor zehn Jahren angefertigt.

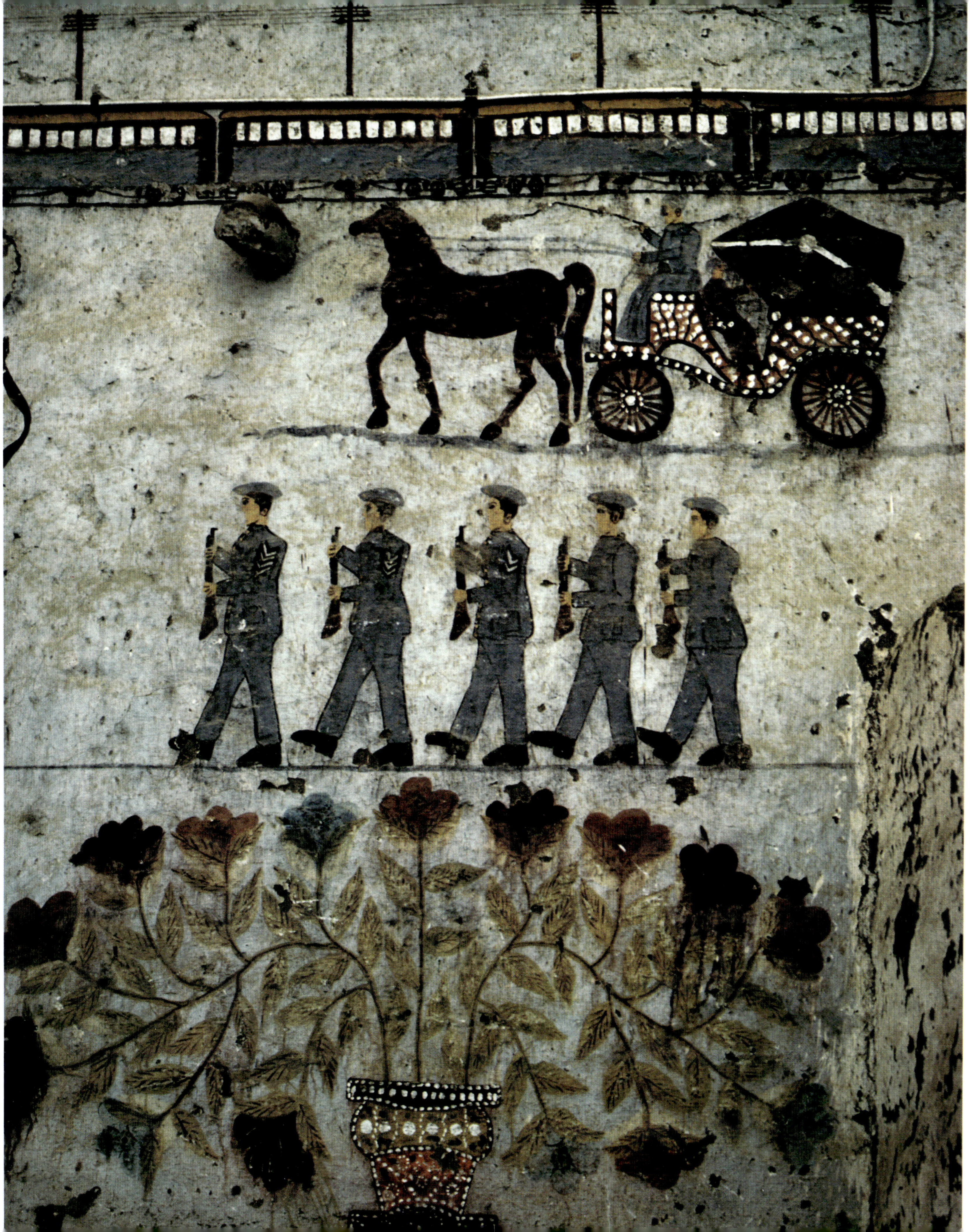

Es gibt Hadschkünstler, deren Ehrgeiz darin besteht, mit dem Blick auf die Fassade auch einen Blick hinter die Fassade zu gewähren, will heißen, durch die Bildgestaltung auf die Lebenseinstellung des Auftraggebers aufmerksam zu machen. Kein Zweifel, daß dies auf den Betrachter, der zu »lesen« versteht, einen eigentümlichen Reiz auszuüben vermag.

Die Architektur des Hauses verweist auf ein städtisches Umfeld, genauer: auf Port Said. Schiff, Kamele und Flugzeug – in ihrer kompositorischen Anordnung ein Dreieck bildend – waren die Transportmittel des Hadschis; eines Mannes, der sich in seiner bürgerlich situierten Existenz zu traditionellen Werten bekannte, ohne sich den zivilisatorischen Möglichkeiten der Gegenwart zu verschließen. Ein orthodoxer Moslem kann dieser Hadschi kaum gewesen sein, erklärte er sich doch damit einverstanden, daß der Maler die Szene mit einem für islamische Verhältnisse recht offenherzigen weiblichen Wesen, einer Meerjungfrau mit Büstenhalter, belebte.

Doch nicht nur an dem Pilgerbild nagt der Zahn der Zeit, auch an dem bürgerlichen Haus, das bessere Tage gesehen hat. Neue Bewohner sind eingezogen, bescheidener in ihrem Lebenszuschnitt. Aus Milchdosen werden schlichte Blumentöpfe, Wäscheleinen werden wichtiger als die dekorativen Elemente einer Bildkomposition. Selbstbewußt schrieb einst der Künstler über die Propellermaschine die arabischen Schriftzeichen für Volkskunst – ein kultureller Anspruch, der sich von diesem Haus zu lösen beginnt.

الفنان الشعبى

Zwar wählen die meisten wohlhabenderen Ägypter für ihre Wallfahrt nach Saudi-Arabien das Flugzeug. Doch ist die Seereise eine beliebte Alternative, zumal für Pilger, die mehr aufs Portemonnaie achten müssen. Viele Tausende künftiger Hadschis werden von modernen Großraumschiffen übers Rote Meer transportiert, damit sie von Dschidda nach Mekka und von Yanbu nach Medina weiterreisen können. Das chaotische Gewimmel an den Kais ist gleichsam eine Einstimmung auf den Massenansturm auf die heiligen Stätten. Wie eindrucksstark das Erlebnis der Schiffsreise für viele Gläubige ist, zeigen jene zahlreichen Hadschgemälde, die selbst in der trockensten Wüstenlandschaft das Schiff als prägendes Bildmotiv ausweisen. An künstlerischer Tatkraft besteht kein Mangel, um Modellvarianten anbieten zu können. Sie reichen von den einfachsten Darstellungen im Stile von Badewannen- und Spielzeugschiffen bis zu detailgenau gezeichneten Ozeanriesen. Am reizvollsten sind vielleicht jene Phantasiegebilde einfallsreicher Künstler, die selbst noch nie ein Schiff auf hoher See gesehen haben.

In den beiden Beispielen begegnen sich zwei Extreme künstlerischer Mitteilsamkeit: der penible Realismus des Kenners und die tastende Einbildungskraft eines Menschen, der auf ein nautisches Wunder hofft.

Sieben Variationen künstlerischen Einfallsreichtums, dargestellt am Beispiel von Schiffsmotiven, für die viele Hadschmaler seit je eine besondere Neigung erkennen lassen. Die unterschiedliche Dynamik und Vitalität der Resultate kommt gerade im Vergleich gut zum Ausdruck – in einem Vergleich, zu dem die Künstler selbst selten Gelegenheit haben. Dieser Informationsmangel mag künstlerische Entwicklungsmöglichkeiten einengen, andererseits schafft er gute Bedingungen zur Aktivierung der eigenen Imaginationskraft. Naivität wird so, recht verstanden, zum Impuls der Kreativität.

صدق الله العظيم
ألم تر أن الفلك تجري في البحر
بنعمت الله

Für die modernen Hadschis ist das Flugzeug fast zum Synonym für die Pilgerfahrt geworden. Auf vielen Bildern wird es – neben der Kaaba natürlich – als dominierendes Motiv vorgestellt.

Seit Ende der sechziger Jahre reisen mehr Pilger aus allen Teilen der islamischen Welt nach Saudi-Arabien per Flugzeug als auf dem Land- oder Seeweg. Kein Zweifel, daß die Vorteile dieser Transportart den enormen Anstieg der jährlichen Pilgerzahlen gefördert haben.

Ein Dichterwort besagt, Kunst bedeute Kindheit. Damit ist eine Maxime formuliert, nach der manche Hadschmaler instinktiv handeln, denn das Spielerische, in dem ihre Ausdrucksmöglichkeiten sichtbar werden, ist ein Element aus der kindlichen Sphäre, die sie sich bewahrt haben. Insofern bleibt für die Darstellung der Flugzeuge das Studium von Vorbildern unerheblich, um ein Abbild zu schaffen. So stellt sich in der Hadschkunst – wie in allen anderen Kunstrichtungen auch – der Realismus nur als eine Variante im Spektrum kreativer Auseinandersetzung vor. Was bei der Darstellung von Schiffen zu beobachten war, bestimmt logischerweise auch das Konzept, mit dem sich die Künstler dem Flugzeug-Motiv nähern. Die Faszination, die diese Technik ausübt, läßt in der Bandbreite des Möglichen auch extremen Stilen ihr Recht. Im Realismus entdeckt der Hadschkünstler seine energetische Ausdrucksmöglichkeit, im Naiven seine Poesie.

الله اكبر ولله الحمد
الصبر جميل

EGYPT AIR

Flugzeuge »jagen« über ägyptische Hadschihaus-Wände. Die sechs Beispiele werden zu einem Kaleidoskop meist seltsamer Flugmaschinen, konstruiert mit dem Reiz des Phantastischen. Nicht die Erfahrung mit dem Objekt ist für die Volkskunst ausschlaggebend, sondern eine emotionale Aneignung im Symbolischen. Auf diese Weise wird das Gegenständliche und Reale künstlerisch verwandelt und läßt dem Maler alle Freiheit eigenständiger Erfindung. Das konkrete Fortbewegungsmittel Flugzeug ist demnach lediglich der Anreiz für die Ausgestaltung der individuellen künstlerischen Innenwelt.

Tritt der Pilger in den sogenannten Ihram-Zustand ein, so hat er seine Absichtserklärung bereits abgegeben und die große rituelle Waschung, den Ghusl, vollzogen. Darunter versteht man eine Reinigung des ganzen Körpers. Steht kein Wasser zur Verfügung, darf in Notfällen Sand verwendet werden. Erst jetzt, nach dem Ghusl, gilt der Pilger als rein und würdig, die vorgeschriebene Hadschkleidung zu tragen. Der Weihezustand des Ihram gebietet sexuelle Enthaltsamkeit und verbietet Blutvergießen. Außerdem darf sich der Pilger weder kämmen noch rasieren, noch seine Nägel schneiden.

Ahmed Mahmoud El Senosy hat in dieses Hadschgemälde den Ghusl integriert, ohne daß dies dem Betrachter auf den ersten Blick erkennbar wäre. Als Symbol der rituellen Reinigung bedient er sich eines stilisierten Wasserwerfers, links neben dem Hauseingang einer städischen Wohnung. Rechts davon befindet sich vor einem eingerollten Vorhang die Kaaba, der ein junger Pilger, eine Friedenstaube auf der Schulter, die Hände flehend entgegenstreckt. Die Textzeilen des Korans sind geschickt in die Komposition eingefügt. Die Botschaft neben dem Künstlernamen lautet: »Er gab ihnen reinen Trank«, wohl eine Anspielung auf das heilige Wasser des Zamzam.

لبيك اللهم لبيك
الكعبة المشرفة
الحج المبرور ليس له جزاء إلا الجنة
عودا حميدا

Für Frauen auf dem Hadsch gelten nur zwei Kleidervorschriften: Sie müssen die ganze Zeit über eine Kopfbedeckung tragen und dürfen das Gesicht nicht verschleiern. Ägypterinnen bevorzugen als Kleidung in der Regel lange, weiße Gewänder.

Gemälde und Fotografie verbinden Vergangenheit und Gegenwart miteinander. Das Gemälde zeigt die Pilgerreise einer jungen Frau – im Zentrum der Fotografie sitzt eine inzwischen alte, die Rückschau hält. Die Gläubigen vor der Kaaba, die junge Frau an jenem fernen Festtag im Gebet, die alte Frau auf der Bank im Alltag des Daseins – das ergibt eine bildkompositorische Symmetrie, deren Wirkung sich durch die zeitliche Kontrastierung verstärkt. Es ist ein Bild der Lebenserfahrung.

Weit strenger als für Frauen sind während des Hadsch die Kleidervorschriften für Männer. Von ihnen wird verlangt, sich nach der Tradition zu kleiden, d.h., sie tragen den Ihram, ein aus zwei ungenähten Teilen bestehendes Gewand von weißer Baumwolle. Der Izar wird, vom Nabel bis zum Knie reichend, um die Hüfte geschlungen, der Rida wird so um den Oberkörper gewickelt, daß rechter Arm und Schulter frei bleiben. Gürtel sind erlaubt, müssen aber ebenfalls ungenäht sein – eine Vorschrift, die auch für das Schuhwerk gilt. Während der religiösen Zeremonien bleiben die Männer barhäuptig, doch bei zu extremer Hitze dürfen sie Sonnenschirme aufspannen.

Dieser Hadschi steht stolz neben seinem Porträt. In künstlerischer Freiheit hat ihm der Maler zu einem hellen Teint verholfen und den Ihram farblich dem Mauerhintergrund angepaßt. Die allgegenwärtige Schnur mit Gebetsperlen, die der Hadschi in der rechten Hand hält, pflegt zu Zeiten religiöser Besinnung unaufhörlich durch die Finger zu gleiten. Ein weiteres Detail: der dunkle, stumpfe Fleck auf der Stirn des Mannes. Es handelt sich um ein körperliches Merkmal, das bei vielen Moslems zu beobachten ist und als Zeichen besonderer Frömmigkeit gilt. Zebiba genannt, entsteht dieser dunkle Fleck durch die jahrelang geübte Praxis, beim Beten die Stirn auf den Steinboden der Moschee zu pressen. Wer so »gezeichnet« ist, erfreut sich des größten Respekts unter den Gläubigen.

حج مبرور
وذنب مغفور

2. MEKKA

Der erste Blick auf die Kaaba beim Betreten der Großen Moschee – das gehört für einen moslemischen Pilger zu den bewegendsten Momenten seines Lebens. Gleichgültig, in welchem Land er aufgewachsen ist, seit den frühen Tagen religiöser Unterweisung richtet er seine täglichen Gebete in Richtung Mekka.

Kein Hadschgemälde ohne Kaaba, dem Mittelpunkt der Welt. Nichts ist wandelbar an diesem Haus Gottes, nur der schwache Mensch, der sich ihm nähert und fünfmal täglich im Gebet zu persönlicher Zwiesprache verharrt.

Mohammed Ahmed El Malk erweist sich als ein Meister der Bildgestaltung, deren Intimität beispielsweise in dieser Arbeit aus dem Jahre 1991 gut zur Geltung kommt. Keine Massenszene, kein Ansturm auf das Haus Gottes, sondern der Mensch als Individuum, einsam und doch nicht allein, weil der Blick auf die Kaaba seine Heilserwartung stärkt. Denn, so verheißt es die Schrift: »Allah der Große, Allah der Eine, der Himmel und Erde regiert!«

ABI
-ER
الله جل جلاله
الله نور السموات والأرض
يا رب يا كريم

محمد رسول الله

Hadschmaler haben schon oft bewiesen, daß sie ungewöhnliche Bildprobleme geschickt zu lösen wissen. Normalerweise wird die Oberfläche einer Wand mit einem dünnen Mörtelüberzug geglättet. Doch es fehlt nicht an Hindernissen, die den praktischen Sinn des Malers herausfordern – etwa bei Türen und Fenstern, bei Mängeln in der Flächenstruktur, Auswölbungen oder Hohlräumen. Was den einen irritieren mag, läßt den anderen völlig unbeeindruckt, denn entweder malt er einfach um diese Problemzone herum, oder – weit besser – er integriert sie in seine Komposition.

In dieser Kaaba-Szene fand der Künstler eine wohldurchdachte Lösung. Durch die Überwölbung mit dem schmiedeeisernen Gitter mußte die Planung nur geringfügig korrigiert werden. Im Mittelpunkt steht, wie immer, der schwarze Kubus im Hof der Großen Moschee, umgeben von unübersehbaren Pilgerscharen im Ihram-Gewand. Ein elektrisches Kabel scheint das Bild zu zerschneiden. Das schmälert jedoch nicht die Wirkung auf den Betrachter, der sich magisch in diese Menschenmasse hineingezogen fühlt.

Kaaba bedeutet im Arabischen Würfel. Eine schlichtere Form für eine Kultstätte läßt sich kaum denken. Um so mehr erstaunt, welchen Variantenreichtum die Hadschkünstler diesem Bildmotiv abzugewinnen vermögen. Das bezieht sich weniger auf die geometrische Form selbst als auf die gestalterischen Zusammenhänge, in die sie gestellt wird.

Die folgenden sechs Beispiele sind Arbeiten von sechs Künstlern, die die Kaaba nicht aus persönlicher Anschauung kennen, sondern sie lediglich im Fernsehen oder auf Fotoaufnahmen gesehen haben. Man beachte auch die regionalen Unterschiede. Die Maler leben im Niltal, an der Küste des Roten Meeres, in der Suez-Kanal-Region und auf der Halbinsel Sinai. Dem Betrachter dieser Bilder bietet sich eine

beeindruckende Stilvielfalt, die die ganze Bandbreite der Hadschmalerei abdeckt. Diese Volkskunst fragt nicht nach Fortschritt oder Tradition, verzichtet auf kunsttheoretische Überlegungen und begreift Inspiration durchaus naiv, aber dennoch nicht weniger wirkungsvoll.

Eine Frau, aus einem Pumpbrunnen Wasser holend – ist dies nur eine typische Dorfszene, wie sie, seit altersher bekannt, in vielen Bildern dargestellt wird, oder doch mehr? Denn in der religiösen Malerei läßt sich dieses Motiv auch als Allegorie auf eine Legende verstehen. Danach zeugte Abraham mit der Magd Hagar den Sohn Ismael, die beide von Sara, Abrahams Frau, in die Wüste vertrieben wurden, nachdem diese den rechtmäßigen Erben Isaak geboren hatte. Vergeblich sucht Hagar in der Wüste nach einem Brunnen. Als die Verzweifelte zu Ismael zurückkehrt, sprudelt neben dem Kind eine Quelle. Erzengel Gabriel hat der Legende nach das Wunder vollbracht, und zwar dort, wo sich heute Mekka befindet. Als Zamzam-Brunnen zählt dieser Ort, im Südosten der Kaaba gelegen, zu den heiligen Stätten des Islams, denn Ismael gilt als der Stammvater der Araber.

Als Zamzami bezeichnet man das Mitglied einer Organisation, die das Wasser des Zamzam-Brunnens austeilt. Er setzt gleichsam die alte Tradition des Wasserträgers fort, bevorzugt in seiner Tätigkeit durch die heilige Stätte. Aus dieser Quelle zu trinken gilt nicht als rituelle Pflicht, doch kaum ein Pilger versäumt diese Gelegenheit. Zudem wird das Wasser in Flaschen und kleine Ampullen abgefüllt und als Geschenkartikel für Freunde und Verwandte im Gepäck mitgeführt. Denn man glaubt an die »Kraft des Wassers, gleichgültig, zu welchem Zweck es getrunken wird«.

Ob in Mekka oder zu Hause in einem Nildorf: Der Wasserträger, mit dem Ledersack auf dem Rücken, spielt im Orient seit Urzeiten eine maßgebliche Rolle. Er ist in den orientalischen Märchen, in den alten Schriften eine legendäre Figur, und gleichzeitig ist er als Zeitzeuge der Vergangenheit Teil der Gegenwart – so wie dies auch in dem Bild eines Wasserträgers, von Ahmed Hassan Farahot gemalt, zum Ausdruck kommt. Daß Hadschgemälde von den Anhängern der Graffiti genausowenig verschont werden wie Wandflächen anderswo in der Welt, verdeutlicht dieses Beispiel.

Die Kaaba ist zwar das Zentrum im Hof der Großen Moschee, doch nicht das einzige kultische Objekt. Auch Abrahams Heiligtum (Maqam Ibrahim) darf besonderes Interesse für sich beanspruchen. Dabei handelt es sich um jenen legendären Stein, auf dem Abraham, nach islamischem Glauben einer der Propheten, gestanden haben soll, als er den Bau der Kaaba vollendete. An Hadschhäusern ist dieses Motiv nur selten zu finden, doch für Ali Eid Yasin war es ein willkommener Anlaß, sein Talent unter Beweis zu stellen. Unter der Kalligraphie, die, vielleicht in Dialektsprache, auf das Heiligtum verweist, drängen sich acht Gestalten, fünf von ihnen im traditionellen weißen Pilgergewand. Die anderen spielen während des Hadsch als Mutawwifin eine wichtige Rolle. Sie sind die einheimischen Lotsen, die Anweiser, die die Gläubigen durch die religiösen Rituale geleiten. Eigens für ihre Tätigkeit ausgebildet, kümmern sie sich nicht nur um die geistlichen, sondern auch um die organisatorischen Belange.

مقام ابراهيم

Diese alte Frau in einer Nilgemeinde bei Minia lebt ganz ihren Erinnerungen. Als sie zur Pilgerfahrt nach Mekka aufbrach, war sie schon Ende siebzig. Das Flugzeug, mit dem sie reiste, und der Anblick der Kaaba im Ansturm der weißgekleideten Pilgerscharen sind jene zwei Erlebnisse, die sich ihrem Gedächtnis unauslöschlich eingeprägt haben. Der Maler hat versucht, diese Lebenserfahrung in Bilder umzusetzen – mit bescheidenem Erfolg. »Gott befahl dir den Hadsch« lautet die Formel, die ebenso über dem Eingang steht wie der Name der Hadscha und das Jahr 1983 als Datum ihrer Reise. Stolz nahm die alte Frau das Angebot an, sich fotografieren zu lassen. Das eher anspruchslose Hadschbild gewinnt erst durch ihre Mitwirkung Kontur, denn Gesicht und Hände der Frau erzählen mehr als das schmale Talent des Malers.

Der Kontrast zur Schlichtheit des vorhergehenden Hadschhauses ist beträchtlich. Der Auftrag für dieses Gemälde wurde offensichtlich von einem erfolgreichen Ladenbesitzer erteilt. Mehr als ein Dutzend Motive vereinen sich in einer Arbeit, die Szenen der Pilgerfahrt und des Alltagslebens darstellt. Die Fassade des oberen Stockwerks bildet die »Leinwand« für den Hadsch, den der Maler zu einer Motivkette zusammengesetzt hat: Kamel, Musiker, Flugzeug, Schiff, Kaaba und das Grab des Propheten. Die Dekoration der Ladenfront mit Lotosblumen und einem Glücksbringersymbol über der Tür beweist die Geschäftstüchtigkeit des Inhabers, der mit einer farbenprächtig bemalten Fassade Kunden anzulocken hofft. Im unteren Abschnitt rechts ist eine Szene zu entdecken, in der sich der Künstler, nicht ohne Effekt, in orientalischer Satire versucht: Ein Tourist fotografiert einen Wasserpfeife rauchenden Araber, während ein Omnibus darauf wartet, die übliche Besichtigungstour fortzusetzen. Der Name des Hadschis ist deutlich auf Englisch und Arabisch angeschrieben, damit kein Passant sich der stolzen Würde des Eigentümers entziehen kann.

So gegensätzlich die beiden Abbildungen sind, in der Kaaba, dem wichtigsten Hadschsymbol, finden sie zu einem gemeinsamen Nenner. Mag der soziale Unterschied, den die alte Hadscha von dem reichen Hadschi trennt, noch so groß sein, mag das Lebensumfeld noch so verschieden sein – hier die dörfliche Enge, dort die Weitläufigkeit eines Touristenzentrums –, aus der Sicht Allahs sind beide einander ebenbürtig, denn jeder hat auf seine Weise seine religiöse Pflicht erfüllt.

THE PHARAOH FACTORY OF ALABASTER
THE OWNER. ABOU SHANAB AL HAG ALI MOHAME ABD EL MOHSEIN
مصنع الفراعنه للالباستر
WELCOME TO ALABASTER
SHOW ALI ABO SHANAB
مرحبا بكم فى معرض الالباستر
الحاج/ على ابو شنب

Hadschhäuser im Gebiet von El-Deir konfrontieren den Betrachter mit einer ungewöhnlichen Bildkomposition: zwei Tauben, Eier ausbrütend in einem Nest, das am Eingang einer Höhle liegt, die durch ein riesiges Spinnennetz abgesperrt wird. Das Motiv geht auf die Hedschra zurück, Mohammeds Auswanderung aus Mekka im September 622, die einer Flucht gleichkam. Von Feinden verfolgt, fanden Mohammed und sein Gefährte Abu Bakr in einer Felsenhöhle Schutz. Kurz darauf wob eine Spinne ihr Netz in den engen Eingang, ein Taubenpärchen baute sein Nest und legte Eier ab. Als die Häscher die Höhle erreichten, verlor sich die Spur, das unversehrte Nest und das Spinnengewebe bewahrte die Verfolgten vor Entdeckung. Mohammed deutete diese wunderbare Rettung als Beweis dafür, daß er unter dem besonderen Schutz Gottes stehe. Das Jahr der Hedschra wurde zum Jahr 1 des mohammedanischen Mondkalenders. So wie die Christen die Zeitenwende kennzeichnen mit n. Chr., so heißt es bei den Anhängern des Propheten n. H.

Mahmoud El Araby aus Esna hat dieses Thema in seinen Bildern etliche Male variiert. Auch die Brüder Mohammed und Ahmed Bashir und wenige andere Künstler hat Mohammeds Höhlenversteck zur künstlerischen Auseinandersetzung angeregt. Die Arbeiten der Brüder sind in der Hafenstadt Ras Gharib am Roten Meer zu besichtigen.

Ein lebhafter junger Lehrer namens Abdel Bari Kalid hat das kahle Gebäude in ein Hadschihaus verwandelt. Die ungewöhnliche, nur in Schwarz, Weiß und Ocker gehaltene Hadschmalerei setzt fünf Monumentalgestalten im traditionellen Pilgergewand ins Blickfeld, deren Statuarik an altägyptische Vorbilder erinnern mag (links unten). Vor ihren imposanten Körpermaßen wirkt die Menschenmenge an der Kaaba zwergenhaft klein, doch scheint es geradezu ein Stilprinzip des Künstlers zu sein, die Proportionen aufzuheben.

Die Bewohner des Hadschhauses empfangen die Fotografin, um »Modell zu sitzen« (rechts). Das Paar, an der Außenwand linker Hand überlebensgroß in seiner Pilgerschaft dokumentiert, präsentiert sich in der Alltagswirklichkeit: der Mann in Provinztracht, die Frau mit einer eigentümlichen Tätowierung am Kinn. Vielleicht ließ sie ihr Porträt als Hadscha an der Innenwand des Hauses in der Hoffnung anbringen, ihr Konterfei eher vor dem Verfall zu bewahren, als dies an der Außenwand möglich ist.

بسم الله

An einer Hausfront in El-Shurafa, einem Dorf am Nilufer, findet sich dieses Tableau von Ahmed Hassan Farahot aus Minia. Das Hadschmotiv, das er vorstellt, ist nicht sehr verbreitet, doch wird es gelegentlich in anderen Teilen Ägyptens variiert. Die Figur im Mittelpunkt – durchdringende schwarze Augen, die Furcht einflößen können, ein patriarchalisch hochgezwirbelter Schnurrbart, der Vertrauen erwecken soll – läßt sich namentlich bestimmen: Ali, der Cousin und Schwiegersohn Mohammeds und vierte Kalif. Seine prächtigen Kleider trägt er ebenso stolz zur Schau wie den stumpfen Gebetsfleck, der die Stirn vieler frommer Moslems ziert. Flankiert wird er von seinen beiden Söhnen Hassan und Hussein, die mit gezückten Schwertern, Schildwachen gleich, als Verteidiger des Glaubens dem Vater beistehen. Den Schiiten unter den Moslems gilt Ali als der legitime Nachfolger Mohammeds, da er von dem Propheten selbst in dieses Amt berufen worden sei. Wie die Legende berichtet, soll Ali einst Mohammed das Leben gerettet haben. Als er den Plan entdeckte, den Propheten im Schlaf umzubringen, legte er sich statt seiner ins Bett. Mohammed entfloh, und auch Ali kam mit dem Leben davon. Für die Schiiten, bei denen der Kalif größtes Ansehen genießt, zählt seine Grabstätte zu den wichtigsten Wallfahrtsorten. Seine beiden Söhne werden als Märtyrer verehrt.

الإمام
على بن أبى طالب
كرّم الله وجهه

3. ARAFAT

Der Höhepunkt des alljährlichen Hadsch ist erreicht, wenn sich am Gnadenberg in Arafat ein Millionenheer von Pilgern zu siebenstündigem Gebet versammelt. Hier hielt Mohammed seine letzte Predigt und beschwor eindringlich die brüderliche Einheit aller Menschen. Und hier wird diese Einheit auch am intensivsten empfunden. Jeder Teilnehmer fühlt sich vom Geist der Gemeinschaft beseelt, jeder erfleht die Läuterung seiner Seele.

Auf diesem ungewöhnlichen Bild wird die Intensität der Erfahrung, sich allein inmitten einer unübersehbaren Menge zu befinden, sehr einprägsam vermittelt: die Riesengestalt eines bärtigen Hadschis im Ihram-Gewand vor dem Gnadenberg, während weit unten die Masse in der Ebene von Arafat im Gebet verharrt, bevor sie die Nacht in der riesigen Zeltstadt bei Muzdalifa verbringen wird. Der Mensch als Individuum und als Teil der Masse werden auf diesem Gemälde eindrucksvoll gestaltet.

Diese Bildausschnitte von Hadschihäusern in dem Dorf Silwa Bahari sind Beispiele für die Volkskunst von Ali Eid Yasin. Sie schildern in schlichter Manier die Verweilzeremonie – ein Erlebnis, das bei den meisten Gläubigen die stärksten seelischen Erschütterungen auslöst.

Am neunten Tag des Pilgermonats müssen sich die Gläubigen in die Ebene von Arafat begeben, 19 Kilometer östlich von Mekka. Ist der künftige Hadschi nicht pünktlich Schlag Mittag des zehnten Tages angelangt, ist sein Hadsch vergeblich gewesen. Heutzutage winden sich endlose Schlangen von Autos und Bussen über mehrere Parallelstraßen, die eigens zur Bewältigung dieses extremen Massenverkehrs gebaut wurden, ihrem Ziel entgegen. Der Aufenthalt in dieser Ebene dürfte vermutlich als die größte physische Herausforderung gelten, die einem Gläubigen während des Hadsch auferlegt ist.

Im Kontrast dazu ein Bild, das die Vergangenheit heraufbeschwört. Ein prächtig geschmücktes Kamel trägt einen Pilger im Ihram-Gewand der Verweilzeremonie entgegen.

Nach dem Morgengebet in Arafats großer Namira-Moschee brechen die Pilger zum Gnadenberg auf – einzeln oder in kleinen Gruppen von Freunden und Verwandten. Sieben Stunden verharren die Menschenmassen bis zum Sonnenuntergang in Gebet und Meditation. Durch die Stilisierungen, die mehr andeuten als ausführen, versucht der Künstler, das Atmosphärische dieses Nachmittags kontemplativ zu verdichten, während sich der physische Ausnahmezustand, dem jeder als winziger Teil einer riesigen Masse ausgesetzt ist, nicht andeutungsweise dem Betrachter mitteilt.

لبيك اللهم لبيك

Auch diese beiden Szenen der Verweilzeremonie wurden von Ali Eid Yasin gemalt. Hält der Pilger während dieser siebenstündigen Veranstaltung die glühendheißen Strahlen der Sonne nicht aus, darf er sich mit einem Sonnenschirm schützen oder sich, soweit vorhanden, in eine schattige Nische zurückziehen. Doch gilt es als Zeichen wahrer Hingabe und Frömmigkeit, wenn ein Mann das ganze Ritual barhäuptig übersteht, wie es in diesem Porträt eines selig lächelnden Pilgers, die Arme im Gebet emporgereckt, dargestellt wird. Über den Kopf des Hadschis stehen jene Worte geschrieben, die an diesem Nachmittag unzählige Male wiederholt werden: »O Gott, nach Arafat bin ich zu Dir gekommen, wie Du befohlen hast.«

Das Zwiegespräch mit Gott endet mit einer Geste brüderlicher Liebe. Die Pilger umarmen sich.

Ali Eid Yasin gestaltet diesen Augenblick im Sinne der Lehre des Propheten, die die Gleichheit aller Menschen fordert, was der Maler durch die unterschiedliche Hautfarbe der beiden Pilger zum Ausdruck bringt. Und mit dem kalligraphischen Schriftzug, der das Wort Hadsch wiedergibt, verweist er darauf, daß der Mensch, wenn er sich in den Kraftstrom des Hadsch einbeziehen läßt, die spirituelle Bedeutung brüderlicher Gemeinschaft erlebt. Die Botschaft lautet: »Der Hadsch ist gesegnet, und Sünden sind vergeben.«

يارب
سترك ورضاك

So bedeutsam die Verweilzeremonie für den Hadsch ist, so selten wählen ihn Hadschihaus-Maler als Thema. Kommt es aber doch zu einer szenischen Gestaltung, dann meist auf Wunsch der Familie. Ali Eid Yasin und Ahmed Hassan Farahot hingegen hat gerade dieses Thema, unabhängig voneinander, in den letzten Jahren immer wieder fasziniert. In ihrem unverwechselbaren Stil haben sie phantasievolle Darstellungen vorgelegt. Farahots Menschen sind in ihren Dimensionen großzügig und in kräftigen Farben gemalt, während Yasin eher ruhige und poetische Wirkungen bevorzugt.

Farahot ist nach Komposition und Ausführung ein naturalistischer Maler. Das Bild ist auf Kontrastwirkung angelegt. Links ein betender Mann im Straßengewand auf einem Gebetsteppich, der hellrote Perlen durch die Hand gleiten läßt, der Allah um den Segen eines Hadsch bittet oder, was auch denkbar ist, ihm für seine sichere Heimkehr dankt. Rechts ein Pilger im Ihram, dem Weihezustand, wie ihn sich der Künstler während der Verweilzeremonie in der Ebene von Arafat vorstellt. An der Wand über dem knienden Mann steht in mächtigen schwarzen Buchstaben das erhabene Wort »Allah«.

4. MINA

Das Fest der Opferung, das die Pilger, erfüllt von ihrer neuen Würde als Hadschis, in Mina feiern, bezieht sich auf eine biblische Legende. Abraham war bereit, seinen Sohn Isaak zu opfern, um seine Ergebenheit gegenüber Gott zu beweisen. Gott aber erklärte die Prüfung für bestanden und ließ durch einen Engel das Opfer verhindern. Dies ist die biblische Überlieferung. Nach islamischem Glauben sollte der als Prophet verehrte Abraham (Ibrahim) nicht seinen Sohn Isaak töten, sondern seinen Sohn Ismael, den Stammvater der Araber. Dessen wundersamer Rettung gedenken die Moslems mit diesem Fest der Opferung.

Im Norden von Esna an einer wenig befahrenen Straße parallel zum Nil befinden sich einige prachtvolle Hadschbilder, die ihren Schöpfer Abdel Rasik überlebt haben. Über ein vergittertes, von Fensterläden halb bedecktes Fenster hat Rasik eines seiner Lieblingsthemen gemalt: die Geschichte von Abraham und Ismael. Der Vater trifft soeben seine Vorkehrungen, gehorsam Gottes Willen zu vollziehen, während ein gefesselter junger Mann mit verbundenen Augen ergeben sein Schicksal erwartet. Im letzten Augenblick ergreift ein Engel (in weiblicher Form dargestellt) das blitzende Messer und schiebt ein Opferlamm als Ersatz unter. Die arabischen Schriftzeichen, die Abraham in den Mund gelegt werden, bedeuten: »So hat Er es befohlen.«

Auf der Seite 173 befindet sich ein Gemälde ähnlicher Faktur von der Hand Rasiks, ein paar Kilometer von Esna entfernt.

بذبح
عظيم

Nach Beendigung der Verweilzeremonie in der Ebene von Arafat ist der Pilger berechtigt, seinem Namen den offiziellen Titel Hadschi bzw. Hadscha (in der weiblichen Form) voranzustellen. Geistig gestärkt, aber körperlich erschöpft, versuchen die Massen, in einer chaotischen Wettfahrt schnellstmöglich die sechs Kilometer entfernte Zeltstadt von Muzdalifa zu erreichen, wo sie die Nacht ruhend oder im Gebet verbringen werden.

Erst wenn die Gläubigen endgültig ihre Seele von Bitterkeit und Ressentiments befreit haben, dürfen sie nach Mina weiterfahren, um dort das Ritual des Steinewerfens zu absolvieren. Zum Schutz vor den Mächten des Satans schleudern die Pilger nach einem präzise vorgegebenen Ablauf Kieselsteine gegen drei Pfeiler, die sogenannten Jimra.

Dieses für die Hadschis emotional kritische Steinewerfen forderte Ali Eid Yasin zu zwei unkonventionellen Bildern heraus. In einem breiten Panorama zeigt er die Masse der Pilger, wie sie den Gnadenberg in Richtung Muzdalifa verläßt, um in der Zeltstadt die Nacht über zu kampieren, und in einer weiteren Szene das Ritual des Steinewerfens in Mina. Die Pilger, im Kreis um die erste Jamra-Säule versammelt, werfen die Steine im Sinne einer symbolischen Geste, mit der sie sich gegen Versuchungen des Satans wehren. Damit in der Bildinterpretation jeder Zweifel ausgeschlossen ist, wird die Form der zeremoniellen Tätigkeit durch arabische Schriftzeichen ergänzt.

In dem kleineren Bildausschnitt stellt der Künstler einen Hadschi dar, der, vor seinem Zelt auf den Knien rutschend, eifrig die 49 Kieselsteine sammelt, die er für die dreitägige Zeremonie benötigt.

رمى الجمرات

وفديناه بذبح عظيم
جبريل
عليه السلام
كبش الفداء
ابراهيم الخليل
عليه السلام
اسماعيل
عليه السلام

Farahot hat sich mit der »Opferung« Ismaels künstlerisch mehrfach auseinandergesetzt – wie beispielsweise an der Innenwand eines Hauses in El-Shurafa (links). Ein bekrönter, schnurrbärtiger Erzengel Gabriel fällt Vater Abraham genau in dem Augenblick in den Arm, als der im Begriff steht, das befohlene Ritual an seinem Sohn zu vollziehen. Die Botschaft ist klar: »Wir gaben ihm Befehl, das Opfer auszuführen.« Ismael sitzt mit verbundenen Augen schicksalsergeben auf dem Altar, an dessen Errichtung er beteiligt war. Doch Gott hat in seiner Gnade das Menschenopfer nicht angenommen und durch einen Widder ersetzt. Farahot zeigt in seinem Gemälde Sinn fürs Detail: ein bürgerlich modern gekleideter Engel, gut frisiert; als Kontrast Abraham im Kaufmannsgewand aus biblischer Zeit; und dazwischen Ismael, als Objekt dem Willen anderer ausgeliefert, was auch im Größenvergleich der Figuren deutlich wird; originell der Opferaltar, der sich als profaner Wandschrank entpuppt, den der Maler in die Bildkomposition integriert.

Der naive Charakter wird mit anderen Stilmitteln auch in der nubischen Version desselben Themas zur Geltung gebracht. Mohammed Omar, im Hauptberuf Lehrer, erzählt nicht die dramatische Handlung, sondern reduziert sie auf Ausschnitte. Statt Ausformung des Inhalts nur Andeutung, die dem Betrachter zusätzliche Aufmerksamkeit abfordert. Engel und Schaf reichen als szenisches Erklärungsmuster aus (oben), wobei der Detailgenauigkeit keinerlei Bedeutung zugemessen wird. Die dekorativen Elemente des Bildes mögen an Cocteau erinnern.

Diese ausgefeilte, an Rousseau erinnernde Komposition ist die Fortsetzung des auf Seite 16 gezeigten, von Abdel Rasik gemalten Hadschihaus-Bildes. Mittlerweile dürfte diese Arbeit durch den nur kurzzeitig aufgeschobenen Abriß des Hauses vernichtet worden sein. Daß sich diese Volkskunst alljährlich immer wieder erneuert, ist kein Trost für die Zerstörung älterer Gemälde.

Der Bildausschnitt dieses Bauernhauses wirkt wie die meisten Gemälde dieser Art auf den Fremden zunächst heterogen, denn die Einzelteile sind als Metaphern eines zentralen Themas nur durch die Kenntnis des Hadsch verstehbar. Im oberen Bereich befinden sich die für die Mekka-Reise zu Lande üblichen Fortbewegungsmittel; am linken Bildrand das Opferdrama zwischen Abraham, Ismael und dem Erzengel in einer weiteren Interpretation; im Vordergrund eine Art Garten Eden, der in den Randzonen der Wüste ein besonderes Sehnsuchtsmotiv der Menschen darstellt; unter dem Eisenbahn- und Automobilverkehr das kriegerische Element mit seinem Aggressionspotential, das sich – zumindest aus dem Blickwinkel anderer Kulturen – so seltsam und sperrig als Teil eines religiösen Gemäldes ausnimmt; schließlich der Sockel des Hauses, als Bildbegrenzung durch optisch täuschende Würfel in italienischer Manier wirkungsvoll gestaltet.

Dieser talentierte Künstler aus Port Said hat die Wandfläche mit verschiedenen Symbolen des Hadsch bedeckt und zeitgenössische mit historischen Motiven kombiniert. Eines seiner Lieblingsthemen ist die Geschichte Abrahams. In der Opferszene stellt er Ismael im Ihram-Gewand dar, wohl um den Zustand der Reinheit, in dem sich der junge Mann nach Gottes Willen bereits befindet, zum Ausdruck zu bringen.

Nach wie vor für Pilgerreisen ein gebräuchliches Transportmittel, wenn auch nur etappenweise: die Eisenbahn. Originellerweise hat der Maler die Dampfwolke zu einer cartoonähnlichen »Sprechblase« umfunktioniert, um den Namen des Hadschis den Zeitgenossen mitzuteilen: Taha Shahatah. Beim Aussprechen hört sich das an, als würde eine Maschine Dampf ablassen.

Als historische Reminiszenz ist die Kamelkarawane gedacht, denn sie führt in jene Zeiten zurück, als Ägypten die Ehre hatte, für die islamische Welt alljährlich die neue Kiswa der Kaaba zu weben und in der Mahmal, der berühmten Trage, nach Mekka zu transportieren. Der Maler zeigt jenen feierlichen Zug, dessen Leittier, mit einer farbenprächtigen Schabracke geschmückt, die Mahmal trägt. Ob der Anführer mit dem erhobenen Krummsäbel der Prozession nur Halt gebieten will oder ob er die ganze Welt in die Schranken fordert?

Die regionalen Unterschiede in der Entwicklung der Hadschihaus-Malerei sind nicht zu übersehen. So können die Maler des Nil-Deltas sich in der Regel kaum mit den Künstlern von El-Kurna oder Esna messen. Gelegentlich aber bietet sich auch im Nil-Delta die Chance, ein originelles Werk mit naivem Charme zu entdecken.

Dieses kleine Bild schildert den Dritten Pfeiler des Islams, der den Gläubigen verpflichtet, weniger Begüterten vom eigenen Wohlstand abzugeben. In der Hadschihaus-Kunst wird dies selten als Bildthema gewählt. Doch manchmal wird man auch bei Almosenszenen fündig: Ein Mann in geflickten Kleidern, mit Holzbein und repariertem Krück-

stock, der all seinen weltlichen Besitz in einem Bündel trägt, nimmt von einer jungen Frau einen erfrischenden Trank entgegen. Die Worte »Gib mir zu trinken« und »Das Wasser Zamzams« beziehen sich nicht nur auf die Tugend der Mildtätigkeit, sondern auch darauf, daß die Quelle des Zamzam-Brunnens für den Ärmsten unter Allahs Sonne fließen muß.

Das Fest der Opferung wird vom 10. bis zum 13. Tag des Hadsch gefeiert. Während ihres Aufenthalts in Mina opfern die Pilger ein Kamel, Schaf oder eine Ziege oder, falls man sich finanziell einschränken muß, nur ein Huhn. Realistisch gesehen handelt es sich um eine Schlachtung, symbolisch um eine Schenkung: Man teilt seinen Reichtum mit den Armen. In manchen Fällen läßt sich das blutige Opfer durch eine Geldleistung ersetzen. Das Fest von Mina wird zeitgleich in der gesamten islamischen Welt zelebriert – ein Anlaß für fröhliche Geselligkeit im Kreis der Familie und Freunde, wobei Geschenke ausgetauscht werden.

Dieses Schaf, auf einem Wochenmarkt für Tiere bei Luxor erworben, ist zur Schlachtung bestimmt, eine Handlung, die traditionell dem Familienoberhaupt vorbehalten bleibt. Zur Tötung muß er den Kopf des Tieres nach Mekka drehen. Dann wird das Fleisch, mit feinen Kräutern und Gewürzen gebraten, zum Fest feierlich aufgetragen.

Wenn ein Mekka-Reisender bei der Auftragsvergabe den Bildinhalt eines Werkes mitbestimmen will, dann nicht selten aus recht weltlichen Gründen – etwa in der Art, daß der Maler die Erinnerungen an den Hadsch mit der beruflichen Tätigkeit des Hadschis kombinieren soll.

Ein kalkulierender Metzger, der 1988 seine Pilgerfahrt absolviert hatte, brachte seine Tätigkeit mit dem Fest der Opferung in Verbindung und verlangte von dem Maler, ihn am Ladeneingang beim Zerlegen eines Lammes abzubilden. In einer Szene, die wohl für die Arbeit jedes Dorfmetzgers typisch ist, hat Ahmed Hassan Farahot weisungsgemäß seinen Auftraggeber in Berufskleidung und mit einem großen Schlachtermesser dargestellt. Ein realistisches Moment kommt durch eine echte Waage und eine über dem Gemälde angebrachte Neonröhre hinzu. Der heilige Kubus mit der Koraninschrift soll den Mekka-Besuch beglaubigen. Ungewöhnlich ist das Grün der Kiswa nur im Vergleich mit dem realen Umhang der Kaaba, nicht aber in seinem symbolischen Gehalt. Denn Grün war die Farbe des Propheten, und ihr kommt daher im Farbenspektrum ein besonderer Rang zu.

Wie jeder echte Künstler setzt Ahmed Hassan Farahot seinen Ehrgeiz darein, seine Hadschmalerei technisch und stilistisch weiterzuentwickeln. Gute Beispiele sind die monumentalen Gestalten von Adam und Eva (Seite 164), die Brüder Hassan und Hussein, die ihrem Vater Ali, dem Schwiegersohn des Propheten, zur Seite stehen (Seite 91), oder auch ein so weltliches Thema wie der Metzger bei der Arbeit (Seite 111).

Auf Wunsch einer jungen Frau, die kürzlich ihr erstes Kind zur Welt gebracht hat, ist diese mütterliche Szene entstanden. Das mächtige Wort »Allah« in Farahots dynamischer Kalligraphie und, in kleinerer Schrift, die Worte »euer Schutz, euer Glück« drücken die Dankbarkeit über die glückliche Geburt des Kindes aus.

Das naive Gemälde einer ägyptischen »Madonna mit Kind« projiziert der Vater auf die spirituelle Wiedergeburt, die er in Mekka erlebt hat. Da sich das Bild an einer Innenwand befindet, hat es gute Chancen, viele Jahre zu überdauern und noch lange an den so eng mit der Großen Pilgerfahrt verbundenen Gedanken eines Neubeginns zu erinnern.

In ländlichen Gegenden trägt die ägyptische Frau wie seit je traditionelle Kleidung. In der Stadt wird europäische Kleidung bevorzugt, wenn auch in jüngster Zeit mehr und mehr durch ein Kopftuch ergänzt. An weltlichen oder religiösen Feiertagen jedoch legen die Frauen ihre kostbarsten Gewänder um und ihren Schmuck an, der für solche Gelegenheiten sorgfältig aufbewahrt wird. Die farbenprächtigen Kostüme geben jeder Festlichkeit ein elegantes, strahlendes Gepräge.

Diese Frau aus einem Dorf stellte sich erst auf Drängen ihres Mannes zur Feier des Opferfestes der Kamera. Ihr Gesicht liegt im Schatten eines sorgfältig hergestellten, mit weißen und karmesinroten Perlen bestickten Kopfputzes; die Haltung entspricht der Selbstsicherheit einer Frau, die sich ihrer Wirkung bewußt ist – was durch die freundliche Skepsis der Augen eher noch betont wird.

5. MEDINA

Nach der Kaaba ist die Moschee des Propheten in Medina das religiöse Symbol, das man am häufigsten auf Hadschgemälden antrifft. Ein Besuch in Medina, der nach Mekka heiligsten Stadt des Islams, ist zwar für den Erwerb des Ehrentitels Hadschi bzw. Hadscha nicht erforderlich, doch sind ein paar ruhige Stunden der Meditation an Mohammeds Grab eine Quelle der Inspiration und spirituellen Erfüllung. Die Mehrzahl der Gäste kann/will sich freilich weder zeitlich noch finanziell den mindestens achttägigen Aufenthalt leisten, um die vorgeschriebenen vierzig Gebete sprechen zu können.

Diese Buchmalerei erinnert die Hadscha aus Suez daran, daß ihre Pilgertage in Medina randvoll mit Gebeten ausgefüllt waren, die sie in der Moschee des Propheten verrichtete. Die inhaltliche Aussage des Buches verdoppelt der Künstler, der sein Werk mit Signatur versehen hat, durch eine Illustration. Diese bezieht sich auf das Grab des Propheten, die Schrift auf das Wort: »Wer mein Grab besucht, wird meinen Schutz genießen.« Der Stapel Zementsäcke signalisiert baldige bauliche Veränderungen am Haus, was kaum auf einen unbeschädigten Fortbestand dieses Hadschgemäldes schließen läßt.

من زار قبري
وجبت له
شفاعتي

قال رسول الله صلى الله عليه وسلم
ما بين قبري ومنبري روضة من
رياض الجنة وقال من زار قبري
وجبت له شفاعتي
صدق رسول الله صلى الله عليه
وسلم ...
قال تعالى لقد كان لكم فى رسول الله
أسوة حسنة لمن كان يرجو الله
واليوم الآخر
وذكر الله كثيرا
صدق الله العظيم

Wenn sich die Hadschmaler mit Medina befassen, ist das Grab des Propheten mit seiner grünen Kuppel natürlich ein unverzichtbares Bildmotiv. Und die Gestaltung der Gebetsteppiche, auf denen die Gläubigen meditierend knien, bedeutet eine künstlerische Herausforderung besonderer Art in der farblichen Feinabstufung.

Die hier wiedergegebenen Medina-Bilder sind repräsentative Beispiele, gemalt von zwei der besten Hadschihaus-Maler Ägyptens: Ali Eid Yasin und Ahmed El Tauib. Ali Eid Yasin hat auf einer kahlen Mauer seinen betenden Hadschi in einer klassischen arabischen Tracht abgebildet, einer goldgesäumten und nur zu besonderen Gelegenheiten getragenen Mishla (unten). Eine doppelte schwarze Schnur, Igal genannt, gibt der Kopfbedeckung Halt. Um den Aufenthalt in Medina anzudeuten, hat der Künstler den Gebetsteppich so gemalt, als sei in ihm die Prophetenmoschee eingewoben.

Ahmed El Tauib hingegen stellt ein Hadschgemälde aus mehreren Teilen vor: die Moschee des Propheten, ein meditierender Pilger und Frauen mit Wasserkrügen, wohl eine Allegorie auf die lebenspendende Macht des Wassers, was für Menschen in Wüstenzonen von elementarer Bedeutung ist. Auffällig El Tauibs Versuch, das Gegenständliche detailgenau zu kopieren. Der kalligraphischen Schrift gibt er wesentlich mehr Raum als gemeinhin üblich, doch wirkt sie hier nicht nur als religiöses Wort, sondern auch im dekorativen Sinn.

Diese an Miró erinnernde Komposition leuchtet wie ein Juwel in der Fassung. Den äußeren Rahmen bilden die Strünke zweier Dattelpalmen, eine rohe Ziegelmauer und Hauswände mit umgestülpten Töpfen. Aber gerade das schmucklose Ambiente unterstreicht das Grazile dieses bezaubernden Gemäldes, das abseits des dörflichen Durchgangsverkehrs zu entdecken ist. Ali Saids Kunst, erfrischend reich an Phantasie, hebt sich wirkungsvoll von dem hellen Hintergrund ab. Seine Farben beeindrucken durch Nuancenreichtum, seine Szenarien durch eine Fröhlichkeit, die sich ihre kindliche Unvoreingenommenheit bewahrt hat.

Besonders häufig widmet sich Ali Said der Prophetenmoschee in Medina, der er je nach Laune Motive aus der Welt des Verkehrs beigesellt: ein urtümliches Kamel, ein kubistischer Omnibus und das phantasievollste aller »Transportmittel«: Buraq, das Fabelpferd, das Mohammed ins Paradies trug.

Die Figuren betender Männer und Frauen bieten ein breites Spektrum darstellerischer Möglichkeiten. Dieser Pilger scheint aus dem gemusterten Bildsaum emporzuwachsen; in eine blaue Dschallabija gehüllt, kniet er, als sei er fast gewichtslos, auf einem schlichten Gebetsteppich. Die Zeichnung seines mandelförmigen Auges, vom Maler durch einen opaken weißen Tupfer geschickt betont, wird durch das hervorschimmernde Untergewand und den mächtigen, um den Kopf geschlungenen Turban symmetrisch ergänzt. Die Gestaltung des Auges erinnert an die Kunst der alten Ägypter. Meditative Gelassenheit prägt den Ausdruck dieser Figur, die die Gebetsperlen kaum merklich durch die Hand gleiten läßt.

Für den Betrachter wird die Hadschmalerei immer dann besonders spannend, wenn er auf einen Künstler trifft, der durch sein Talent dem schon hundertfach Dargestellten eine neue Dimension des Ausdrucks zu erschließen vermag. Nicht wenige Künstler pflegen das am besten zu malen, was sie am besten kennen. Hier ist es eine Haltung, tausendmal beobachtet und auch selbst eingenommen: die einfache Haltung des alltäglichen Gebets.

Diese Figur in einer nubischen Siedlung an der Straße nördlich von Assuan ist mit wenigen Linien und einigen Pinselstrichen komponiert. Kapuze und Haut setzen die einzigen Farbakzente. Doch verdichtet vielleicht gerade das Skizzenhafte der Darstellung den Eindruck von dieser knienden Hadscha. Bilder dieser Art, die ganz auf Innenspannung gerichtet sind, suggerieren einen Zustand, der sich nur in seltenen, aber desto kostbareren Augenblicken einstellt – dann nämlich, wenn die Zeit entgleitet.

Mit dem Abdruck einer Hand unter dem Bild hat es besondere Bewandtnis. Es handelt sich dabei um eines jener Symbole aus Schlamm, Farbe oder Blut, die die Nubier nicht nur an Hauswänden, sondern weit öfter noch an Gräbern anbringen. Man glaubt, sie schützten vor dem Bösen.

In den engen Gassen von El-Makhadmas, einer Stadt am Ostufer des Nils nördlich von Kena, lassen sich die meist schon verwitterten Gemälde in der Art einer Bildergalerie besichtigen, die, innerhalb von gut zehn Jahren aufgebaut, das Werk eines einzigen Künstlers repräsentiert. Manche der Figuren tragen zeitlose Alltagskleidung, andere entsprechen genau der Mode der siebziger Jahre: spitze Schuhe, ausgestellte Hosen, gemusterte Hemden und Jacketts mit Gürtel. Doch die Augen, weit geöffnet, sind dem Stil der Pharaonenzeit nachempfunden.

Eine Gestalt mit Transistorradio steht neben der Moschee des Propheten und weist auf den doppelten Zweck der Fahrt nach Medina hin (links). Denn die Stadt ist nicht nur Wallfahrtsort, sondern auch eine sehr weltliche, mit zollfreien Waren gefüllte Schatzkammer. In der als Einkaufsparadies bekannten Stadt decken sich die Pilger mit Erinnerungsgeschenken für Freunde und Verwandte ein.

Wirklichkeit und Abbild: die attraktive junge Hadscha, schwarz gewandet und mit goldener Halskette, vor ihrem Konterfei, das an ihre Pilgerfahrt erinnern soll. Der Künstler hat sie zwar in moderner westlicher Kleidung gemalt, aber nicht auf den traditionellen Schmuck verzichtet. Diese Ambivalenz von Gestern und Heute wird durch das Kofferradio noch betont.

الله

6. DIE HEIMKEHR

Während der letzten Etappe der Heimreise geraten die Ägypter in einen Taumel der Begeisterung. Die Fahrzeuge, hoffnungslos überladen, stauen sich in den Straßen, die vom Flughafen nach Kairo führen. Das Chaos auf den Autobahnen wird von schrillem Hupen und wehenden Fahnen begleitet. Es ist eine herrlich turbulente Ankunft, die dem ohnehin kakophonischen Lärm der Stadt noch den letzten Drive gibt. In den Dörfern begegnet man den heimkehrenden Pilgern noch nach altem Brauch. Reitende Boten schwingen Hadschfahnen, galoppieren die staubigen Straßen entlang, schießen Salut, um die glückliche Rückkehr der Hadschis zu vermelden. Die Fahneninschrift auf diesem Gemälde: »Es gibt nur einen Gott, und Mohammed ist sein Prophet.«

لا اله الا الله محمد رسول الله

Sind die Pilgerpflichten erfüllt, bevölkern die neuen Hadschis und Hadschas See- und Flughäfen zu Zehntausenden, um die Heimreise an Bord gecharterter Schiffe und Flugzeuge anzutreten. Von den Anstrengungen erschöpft, aber glücklich im frischen Eindruck der Erinnerungen wenden sie sich der Heimat zu. Für einige Tage fühlte sich ein Millionenheer von Moslems als Teil einer internationalen Glaubensgemeinschaft – ein Gefühl spiritueller Einheit, das der einzelne als unverlierbare Erfahrung mit in den Alltag nimmt. Und für einen Augenblick ließ dieses kollektive Erlebnis alle nationalen Konflikte in den Hintergrund treten.

Das Bild wurde in einem Ort am Oberlauf des Nils zur Begrüßung eines Hadschis angefertigt. Auf den ersten Blick ist erkennbar, daß sich die Qualität dieser Arbeit in engen Grenzen hält. Für den Abflug in die Heimat bietet der Maler alle gängigen »Zutaten« auf, die er für die Gestaltung erforderlich hält, inklusive Flughafengebäude. Allzu gewichtig drängt sich jedoch ein Soldat in den Vordergrund, der nach altem orientalischem Brauch die lärmende Prozession mit sogenannten Freudenschüssen begleitet.

Die Heimkehr: Eine Hadscha, noch im Pilgergewand, umarmt ihre Schwester, die den üblichen dünnen Umhang übergeworfen hat – ein Kleidungsstück, das die Frauen in der Öffentlichkeit zu tragen pflegen.

Ali Eid Yasin hat diesen emotionalen Moment gestaltet. Das Bild – es befindet sich an exponierter Stelle am Ende einer Eingangshalle – ist Teil eines größeren Auftrags, den der Sohn der Hadscha – er ist ein in Kairo ausgebildeter Agronom und in seiner Gemeinde eine wichtige Persönlichkeit – zur Ausgestaltung eines großen Bauernhauses erteilte. Als Ali Eid Yasin gebeten wurde, die Pilgerfahrt der Hadscha mit allem Aufwand in Bilder umzusetzen, bedeutete dies für den Künstler eine große Ehre. Denn es war durchaus ungewöhnlich, daß ein Maler aus einer fremden Gemeinde zu einer solchen Aufgabe herangezogen wurde. Dies wiederholte sich in den letzten Jahren mehrmals, was beweist, welches Ansehen Ali Eid Yasin mittlerweile als Künstler genießt.

Bei der Rückkehr nach Ägypten muß sich der Pilger zeitaufwendigen Einreiseformalitäten unterziehen. Der Weitertransport nach der Landung in Kairo strapaziert noch einmal die Nerven. Den Hadschi erwartet eine Geräuschkaskade, deren ohrenbetäubender Lärm sich aus Motorengeheul, kreischenden Bremsen und grellem Gehupe zusam-

mensetzt. Nur langsam lösen sich die Fahrzeugknäuel auf, und es beginnt die letzte Etappe der Heimfahrt.

Manchem überladenen Bus mögen auf dieser letzten Etappe die Kräfte des Motors versagen; diesem Bus blieb die Kraft der Maltechnik versagt.

Die ruhige Gelassenheit dieses Pilgerpaares, das stolz vor seinem Caravan posiert, läßt den Streß der Reise kaum ahnen. In der Regel sind Autos und Busse auf beängstigende Weise mit Kisten und Koffern vollgepackt. Insofern ist es sicher untypisch, wie sorgfältig in diesem Falle das Gepäck verstaut wurde.

Da sich der Hadsch nach dem islamischen Mondkalender richtet, ist er jährlich an ein anderes Datum gebunden. Ein Indiz für die Änderung sind die unterschiedlichen Obstsorten im Angebot der Märkte, wenn sich die Pilger während der Heimfahrt verproviantieren. Mal sind es Erdbeeren, mal Mandarinen oder Weintrauben, mal Mangofrüchte.

Flugzeug und Bus, kombiniert mit einer Straßenszene, die den Obstverkäufer beim Abwiegen einer roten Wassermelone zeigt – das sind die Bildmetaphern einer Wandmalerei, die sich auf die Heimkehr der Hadschis bezieht. Ali Said hat diese Arbeit signiert.

Wasserträger – sie verkaufen auch andere erfrischende Getränke – nehmen in der arabischen Kultur eine besondere Stellung ein. Ihre bunte Kleidung und die auf Hochglanz polierten Behälter ziehen stets die Aufmerksamkeit der Fremden auf sich. Das Bakschisch für eine Fotoaufnahme ist nicht selten höher als der Erlös aus dem Getränkeverkauf. Früher benutzten die Wasserträger Lederschläuche, jetzt Aluminiumkanister mit langen Messingschnäbeln zum Eingießen – ähnlich den typischen Bohnenkesseln für Straßenspeisungen. Hinzu kommt ein gut geordnetes Sortiment von Gläsern, Papierservietten, Eishacken, Handtüchern und ein kleines Buffet. Damit ist die Ausrüstung des Wanderverkäufers komplett.

Dieser hübsche junge Mann, der am Hafen von Suez arbeitet, macht seine Geschäfte mit den heimkehrenden Hadschis. Bei seinem Anblick dürften viele noch einmal an die Wasserträger erinnert werden, die erst vor wenigen Tagen das Quellwasser des Zamzam-Brunnens in Mekka ausgeschenkt haben.

Das allgegenwärtige Symbol für heimkehrende Pilger ist die flatternde Fahne an öffentlichen und privaten Verkehrsmitteln. Jeder Moslem weiß sofort, daß in einem solchen Fahrzeug Leute sitzen, die soeben ihre Pilgerfahrt abgeschlossen haben. Während der Hadschsaison quellen im Niltal die Züge über von solchen Pilgern.

Jüngeren Hadschis reicht oft der allgemeine Enthusiasmus nicht aus. Sie müssen sich exponieren und ihren Übermut zu Schau tragen. So turnen sie fahnenschwingend auf den Waggondächern herum. Freilich muß zugegeben werden, daß die Reise im kühlenden Fahrtwind auf dem Dach angenehmer zu ertragen ist als in den stickigen, überfüllten Abteilen.

Um die Heimkehr zu illustrieren, wählen Hadschkünstler häufig die Eisenbahn als Motiv, da sie in Oberägypten gewöhnlich für den Beginn und das Ende der Reise zuständig ist. Waggons und Telefonmasten hat auf diesem Bild der Maler Abdel Rasik so geschickt in die Nähe eines Dachsimses plaziert, daß ein Illusionseffekt entsteht. Die gemalten Wagen verbinden sich mit dem echten Horizont eines wolkenlosen blauen Himmels, so daß sich Phantasie und Realität mischen.

عبد الرحيم قاسم
عامل بستاني
بمدرسة الصالح
الابتدائية

Wie die Pilgerfahrt symbolisiert auch das Hadschgemälde einen Neubeginn, wofür einige Vorbereitungen getroffen werden müssen. Zuerst präpariert der Künstler eine geeignete Fläche.

Die Wände müssen abgeschabt, ausgebessert und verputzt werden. Bei einem Holzuntergrund ist eine sorgfältige Grundierung erforderlich. Dann entscheidet der Maler über die Auswahl der Grundfarben, wobei er eventuell Wünsche des Hauseigentümers berücksichtigen muß. Während der Hadschmaler Ahmed El Tauib in einem anderen Teil des Dorfes arbeitet, bereiten Helfer dieses Haus für den nächsten Auftrag vor.

Oberägyptische Hausfassaden werden im allgemeinen glatt verputzt. Doch kann die Oberflächenstruktur der rauhen Lehmwand zur Gesamtwirkung des Kunstwerkes beitragen. Trotzdem bleibt ein ästhetisches Problem ungelöst: Innerhalb kürzester Zeit legt der Wüstenwind eine fest haftende Staubschicht auf die unebene Bildfläche. Die leuchtenden Farben werden dadurch merklich gedämpft, so daß das Gemälde schon kurz nach der Entstehung in seiner Substanz gefährdet wird.

El Tauib muß sich beeilen, um während der durchschnittlich dreiwöchigen Hadschperiode möglichst viele Aufträge erfüllen zu können. Man sieht ihn hier in der schattigen Kühle frühmorgens bei der Arbeit. Sein Gemälde ist im voraus bis ins einzelne geplant. Genaue Federskizzen geben die Vorlage ab für eine einfache Umrißzeichnung auf der frisch präparierten Wand. Die jeweiligen Flächen werden einfarbig koloriert, nachdem die entsprechenden Farbtönungen zusammengestellt worden sind. El Tauib arbeitet mit der ruhigen Gelassenheit eines Künstlers, der genau weiß, was er will. Zuschauer stören ihn nicht, sofern sie nicht die Konzentration beeinträchtigen. Manchmal schauen Kinder aus der Nachbarschaft und Hausbewohner stundenlang zu, wie eine leere Fläche in ein farbenfrohes Gemälde verwandelt wird, ohne sich bewußt zu sein, daß sie hier eines Meisters Einführungskurs in die Kunst der Hadschmalerei beiwohnen. Gegen Abend sind die Front- und Seitenwände mit großzügigen Bildern geschmückt.

Die Stunden der sengenden Nachmittagssonne hat El Tauib darauf verwendet, die Innenwände des Hauses mit üppigen Blumenornamenten auszustatten. Binnen kurzem wird das Haus vollständig dekoriert sein, rechtzeitig zur Begrüßung des heimkehrenden Hadschis.

قال رسول الله صلى الله عليه وسلم
الحج المبرور ليس له جزاء إلا الجنة
قال رسول الله صلى الله عليه وسلم
من زار قبري وجبت له شفاعتي

Die Stadt Esna, am Westufer des Nils einige Kilometer nördlich Luxors gelegen, hat mehrere populäre Maler hervorgebracht. Einer von ihnen ist der Schullehrer des Ortes, Mahmoud El Araby, der bei dem Meistermaler El Senosy gelernt hat.

In El Arabys Hadschmalerei, die durch eine elegante Kalligraphie aufgelockert wird, mischen sich traditionelle und eigenwillig moderne Motive miteinander. Als Clou einer effektvollen Wirkung gilt ihm die Möglichkeit, Türen in seine Malerei mit einzubeziehen und mit Blumenmotiven zu dekorieren.

Ein spannender Augenblick ist stets dann gegeben, wenn der heimkehrende Pilger das Auftragswerk begutachtet. Die hier gezeigte Wand wurde nur wenige Tage nach Fertigstellung des Bildes aufgenommen, als die Farben noch frisch leuchteten. El Araby hält diese Arbeit für seine beste im Jahr 1988. Als Honorar erhielt er ungefähr den durchschnittlichen Wochenlohn eines Arbeiters. Da er auch als tüchtiger Schildermaler gilt, bekommt er oft Aufträge zur Dekoration von Restaurants, kleinen Läden und Obstständen. Außerdem fertigt er für den Schulunterricht didaktisches Anschauungsmaterial an.

Ägypter sind berühmt für ihre Gastfreundschaft, berühmt auch für die Feste, die sie zu Ehren der heimkehrenden Hadschis veranstalten. Traditionell wird man mit starkem, gesüßtem Tee bewirtet. Andere nichtalkoholische Getränke, die heiß oder gekühlt gereicht werden, sind aus getrockneten Samen, Kräutern und Blüten hergestellt.

Hier balanciert eine Gastgeberin ein Tablett auf dem Kopf, dessen Gläser mit Sharbat gefüllt sind, einem scharlachroten, aus getrockneten Hibiskusblüten hergestellten Gebräu. Unterdessen trommelt sie mit karmesinrot gefärbten Fingernägeln rhythmisch auf ein weiteres Tablett, das sie zu einer Art Tamburin umfunktioniert hat. Über ihrem Kopf die Feststellung: »Gott, der Größte«.

Gemälde von Ali Eid Yasin: eine Musikkapelle, die einer Versammlung von Bauern zum Fest aufspielt. Die Szene ist so aufgebaut, als befänden sich die Personen hinter einem großen Fenster. Tamburine werden geschlagen, der Flötist entlockt, die Backen aufblasend, seinem Instrument schrille Töne, und der Sänger mit Turban, eine Gebetsperlenschnur über gefalteten Händen, schmettert eine Melodie in ein Doppelmikrofon. Die Kalligraphie über den Köpfen der Musiker lautet: »Preis sei Allah und seinem Haus«, womit die Kaaba gemeint ist.

Kein Fest zu Ehren eines heimkehrenden Hadschis wäre komplett ohne Musik und Tanz. Beides zeigt diese Wandmalerei. Ohne sich aus den Augen zu lassen, nehmen die Stocktänzer ihre Kampfstellung ein, die Körper zur Erde gedreht und die Stöcke in Angriffs- und Verteidigungshaltung. Der Scheinkampf erfolgt im Takt eines Musikertrios, das Schulter an Schulter auf einer Holzbank sitzt. Die Turbane sind nach oberägyptischer Art mit einer losen Schleife unter dem Kinn versehen. Während des Spiels raucht der Mann, der das Tamburin bedient, eine extralange Zigarette.

Das Gemälde gilt, obwohl bereits beschädigt, als ein typisches Beispiel für den Stil Ali Eid Yasins. Es ist mit großem Einfühlungsvermögen und Detailtreue ausgeführt.

Die Pilgerfahrt nach Mekka, eine Zeit tiefen religiösen Empfindens, ist zugleich eine anstrengende Reise, die manchen Gläubigen physisch überfordert. Glühende Wüstenhitze, Verkehrsstaus von gigantischen Ausmaßen und endlos vorbeiziehende Menschenmassen können die Pilgerpflichten zu einer Tortur werden lassen. Mit der Rückkehr in die vertraute Umgebung verblassen die Erinnerungen an die Strapazen jedoch rasch, und übrig bleibt das unauslöschliche Gefühl einer überwältigenden religiösen Erfahrung.

Auf diesem dreifach signierten Bild, randvoll mit eleganten arabischen Schriftzeichen, zeigt Sayed Hanafi einen meditierenden Hadschi, der auf einem Gebetsteppich kniet. Im Hintergrund eine sauber konstruierte Kaaba, flankiert von den Arkaden der Großen Moschee Mekkas. Auf Mauern und Minaretten sitzen Vögel zum Zeichen friedvoller Ruhe.

Ein Hadschbild mit einem Gläubigen, der im Koran liest, als Dekoration eines Obststandes für Mandarinen und Orangen. Daneben steht geschrieben: »Gott schuf den Menschen und schenkte ihm Wissen.«

Auf minimalem Raum hat Salah Hassan Mubarek, dessen Werk in der Gegend von Suez sehr populär ist, ein Porträt von klassisch meditativer Stimmung geschaffen. Das Bildthema ist durchaus der Wirklichkeit entnommen, denn es ist nicht ungewöhnlich, in irgendeinem schattigen Winkel einen Moslem, der sonst seinen Handelsgeschäften nachgeht, beim Studium des Korans anzutreffen. Intensivste Beschäftigung mit dem heiligen Buch hat schon manchen Frommen in die Lage versetzt, den Text von der ersten bis zur letzten Sure auswendig hersagen zu können.

7. NACH DEM HADSCH

Nach dem Begrüßungsfest verläuft das Leben wieder in geregelten Bahnen. Die Hadschmaler, für ein paar aufregende Wochen Mittelpunkt des Interesses, kehren zu ihren gewöhnlichen Beschäftigungen im Dorf zurück.

Eine Frau, die die Große Pilgerfahrt erlebt hat, geht zusammen mit ihrer Nachbarin einer alltäglichen Arbeit nach, dem Wasserschöpfen am Dorfbrunnen. Nichts hat sich verändert. Oder doch? Sie setzt den Krug ab und hält den gepolsterten Kopfring wie eine Schnur mit Gebetsperlen in der Hand. Die heilige Stadt taucht in ihren Erinnerungen wieder auf. Stolz und Demut verändern ihr Bewußtsein. Sie ist eine Hadscha, und das festigt ihren sozialen Rang innerhalb der dörflichen Gemeinschaft.

Die Hitze des ägyptischen Sommers ist oft unerträglich. Die Mahlzeiten nimmt man im Schatten offener Innenhöfe ein. Und auch hier sind die Zeichen, die die Große Pilgerreise setzte, unübersehbar.

Wieder einmal erinnert ein Flugzeug, künstlerisch nicht gerade eine Meisterleistung, an die Reise nach Saudi-Arabien. Das Foto zeigt eine Familie in einem abgelegenen Dorf am Nildelta beim freitäglichen Mittagsmahl, nachdem Vater und Söhne in der Moschee ihre Gebete verrichtet haben. Mutter und Töchter haben jeden Gang des Menüs für diesen Ruhetag mit besonderer Sorgfalt vorbereitet, und alle genießen in Muße das Mahl.

Der weithin tönende Ruf des Muezzins begleitet den Gläubigen zum Gebet ein Leben lang. Die Hadschihäuser sind nicht nur visuelle Reminiszenzen an die Große Pilgerreise, sondern prägen auf ihre Weise das Bewußtsein der Menschen, die religiösen Pflichten sorgfältig einzuhalten.

Vor dem Hintergrund eines Hadschbildes mahlt ein junges Mädchen Korn fürs tägliche Brot der Familie – und zwar mit einer primitiven Technik, die sich seit pharaonischen Zeiten nicht verändert hat. Die Wand wirkt in dieser Szene wie eine Theaterkulisse. Mit dem Weihrauchgefäß, das der Mann schwenkt, sollen die bösen Geister vertrieben werden. Neben dem geschlossenen Fensterladen ist die Kaaba zu sehen, ohne die das Wandbild unvollständig wäre.

الله
جل جلاله

Die Hadschmalerei an der Kleopatra-Alabasterfabrik ist ein charakteristisches Beispiel für die jüngsten Arbeiten Mohammed Ahmed El Malks. Er hat diese Aufgabe ähnlich gelöst wie an der Aida-Alabasterfabrik (Seite 28). Die Motive sind aus drei deutlich voneinander zu unterscheidenden Perioden der ägyptischen Kultur gewählt. Zunächst bezieht sich El Malk auf die Kunst der Pharaonenzeit, die durch ein Porträt der Kleopatra, der Namenspatronin der Firma, repräsentiert wird. Es beherrscht die obere linke Ecke der Ladenfront. Auch die Ornamentik, die Hieroglyphen am Eingang und die Sonnenscheibe darüber sowie das Paar Skarabäen hinter dem Firmennamen gehören in diese Tradition. Sodann widmet sich der Maler dem Hadsch. Minarette, die Große Moschee und die Kaaba setzen die entsprechenden Akzente, die durch einen Pilger auf einem Gebetsteppich und kalligraphisch elegante Koranverse ergänzt werden. Einen Großteil der Fläche nutzt El Malk jedoch für die Darstellung des bäuerlichen Alltagslebens, die er in fünf Szenen unterteilt: Ein Knabe versucht einen Wasserbüffel, der sich für das Weidegras interessiert, zur Fortsetzung seiner Arbeit zu bewegen; ein Handwerker glättet die rauhe Oberfläche eines Alabastertopfes genau in der Art, wie in der Werkstatt Vasen bearbeitet werden; zwei Frauen sind mit Feldarbeit beschäftigt und holen Wasser; ein anmutiger Jüngling lockt mit seiner Flöte Vögel an; ein Fellache, am Boden hockend, sichelt eine Armvoll Futtergras für sein Vieh. Nirgendwo anders in Ägypten zeigen Hadschihäuser so reiche Darstellungen des Dorflebens wie in El-Kurna.

CLEOPATRA FACTORY OF ALABASTAR...

Der Tourismus Ägyptens ist völlig auf die archäologischen Zeugnisse der Pharaonenzeit konzentriert. Der Zeitplan der Gäste ist durchorganisiert, die Aktivitäten richten sich nach den Anweisungen der Fremdenführer, in den Souvenirläden herrscht das übliche Gedränge. Da bleibt keine Zeit für Eigeninitiative. Die Gegenwart kommt bei solchen Kulturreisen kaum vor, bestenfalls als zweifelhafte Folklore. Den ausländischen Touristen fehlt die Muße, den Alltag am Nil kennenzulernen, die Dorfbewohner aber werden in den Bildern an die Routine dieses Alltags erinnert, die auch nicht durch die Volkskunst von El-Kurna gemildert wird. Bukolika gibt es nur in der Kunst, nicht im Leben.

صلى على النبى

Der Aufenthalt in Mekka hat die Pilger spirituell erneuert. In der Kühle seines Wohnraums ruht dieser Greis nach dem einfachen Mittagsmahl auf der Holzcouch. Das Wandbild mit Obstbaum und schnäbelnden Wasservögeln bietet das Ambiente für religiöse Besinnung. Nur das Geschirr, der Plastikbehälter und das Kofferradio weisen darauf hin, daß es sich hier um das ländliche Ägypten der Gegenwart handelt und nicht um ein Stilleben des späten 19. Jahrhunderts.

In ländlichen Gemeinden, wo sich nur wenige Einwohner die Reise nach Mekka leisten können, haben heimkehrende Pilger neugierigen Freunden und Nachbarn viel zu erzählen und Erfahrungen mit anderen Hadschis auszutauschen. Auf diesem kleinen Bildausschnitt sitzen zwei alte Fellachen bei einer Tasse Tee und erinnern sich an ihre Fahrt in die heilige Stadt. Der eine genießt seine Wasserpfeife, der andere raucht eine billige Zigarette, Marke Cleopatra. Überall im Lande werden Tische und Stühle mit Einlegearbeiten produziert.

In der patriarchalisch geprägten Gesellschaft des Islams bestimmen die Männer das Bild in der Öffentlichkeit. Ihre Zusammenkünfte pflegen unter Ausschluß des weiblichen Geschlechts stattzufinden. Wo Frauen zum Plaudern sich zusammenfinden, geschieht dies eher in der privaten Atmosphäre häuslicher Zirkel.

Auf den Innenwänden dieses Hadschihauses unweit Luxors hat ein erfinderischer naiver Maler ein »Kaffeekränzchen« dargestellt. In seiner eigenwilligen Interpretation machen es sich sehr westlich wirkende Frauen gemütlich. Während die Gastgeberin – ausgestopfte Schultern und Wespentaille – einen Balanceakt mit Wasserkrug, Teekanne und Kerosinlampe vollführt, hocken ihre beiden städtisch wirkenden Gäste auf Metallklappstühlen, eine extradünne Wasserpfeife rauchend, die man Gozah nennt. Wie ein Relikt aus strengeren Zeiten hängt das verblichene Schwarzweißfoto eines strengen Patriarchen in altmodischem Goldrahmen an der Wand, dessen tadelnder Blick das »emanzipatorische« Treiben der Damen begleitet.

Wenn die Schatten länger werden und die trockene Hitze des Mittags weicht, weicht auch die Lethargie der Menschen, und die Dörfer werden wieder lebendig. Das Maultier trottet seinen Weg wie immer, doch der oberägyptische Fellache, in kerzengerader Haltung, hat seinen Stock wie einen Marschallstab zum Gruß erhoben. Unzählige Male ist er schon an diesem Hadschgemälde vorbeigeritten. Auch wenn er selbst die heiligen Stätten nie gesehen hat, er kennt sie aus den Erzählungen, und er erinnert sich an die Feste zu Ehren der Heimkehrer. Vor allem an den Einzug von Fatima, seiner Herrin, als sie in ihrer neuen Würde als Hadscha strahlte. Sie war eine von einer halben Million Frauen, die alljährlich nach Mekka pilgern. Die Hadschbilder an der Wand sind keine Chiffren, die Neues verbergen, der Blick gleitet vorbei, so wie man im Vorübergehen alte Bekannte registriert. Denn längst haben sich die Konturen im Gedächtnis eingegraben. Doch führt der Weg zur Moschee, kommen die Bilder in Bewegung, verselbständigen sich zu einem Traum, der es auch einem Fellachen ermöglicht, des Propheten Gebot zu erfüllen und das Pilgergewand anzulegen, um an der Kaaba den Tawaf zu vollziehen. Verschwommen dagegen die Sicht aus dem Fenster, wenn nur einen Steinwurf entfernt die Kairo-Assuan-Eisenbahn vorüberzieht. Ägyptens Touristen haben ihr Blickfeld auf die Vergangenheit verengt, Kultur scheint ohne Gegenwart auszukommen. Das Leben der Bauern, ihre Traditionen, ihr Alltagsrhythmus, ihre Volkskunst – für die Fremden bleibt das ein blinder Spiegel. So begegnen sich Menschen, ohne einander zu erkennen.

الحاجة
فاطمة محمد عبد الحليم

لبيك اللهم

DIE KÜNSTLER

Wie für viele seiner Malerkollegen ist für Rajeb Sayed Ahmed Mitwalli die Kaaba das wichtigste Symbol der Großen Pilgerfahrt. Er stellt sie auf fast allen seinen Hadschihaus-Bildern dar. Das Haus Gottes ist bei ihm immer mit der Kiswa bedeckt, die Mitwalli zu einem abstrakten Muster vor den schmalen, engen Bögen der Haram-Moschee stilisiert. Obwohl das Gemälde noch im Entstehen begriffen ist, kann man in diesem Stadium bereits erkennen, daß die kräftigen Umrisse der Architektur mit einem Pilgerheer kontrastieren, das eher skizzenhaft angedeutet als prägnant ausgeformt wird. Der Mangel an Proportion und Perspektive ist in der Volkskunst zu häufig anzutreffen, als daß er stets auf einen Mangel an Talent schließen ließe. Nicht selten wird dieses Mißverhältnis zum Stilprinzip erhoben. Denn welche Größe käme dem Menschen im Angesicht der Kaaba zu?

AHMED HASSAN FARAHOT

Ahmed Hassan Farahot ist von Beruf Schullehrer. Mit seiner Frau und einer stets wachsenden Familie lebt er in einem mittelägyptischen Dorf 250 km südlich von Kairo, doch unterrichtet er wie viele seiner Kollegen hin und wieder auf Vertragsbasis in anderen Teilen der arabischen Welt. Solche »Gastspiele« können bis zu zwei Jahre dauern. Kommt er endlich wieder nach Hause, ist es an der Zeit, das magere Einkommen mit Hadschbildern aufzubessern. Minia, die Provinzhauptstadt, liegt nur wenige Kilometer von Farahots Dorf entfernt. Trotzdem wirkt El-Shurafa so weltabgelegen wie je – so, als gäbe es nicht einmal die nahe Brücke über den Nil. Das hektische Treiben der Stadt verliert sich rasch im bäuerlichen Umfeld.

Farahot ist ein Maler der bäuerlichen Kultur, ein Maler der Provinz. Nachbarn nehmen seine Dienste in Anspruch, auch Bekannte aus den umliegenden Ortschaften, wenn sich wieder einmal ein Hadsch vollendet und das Heimkehrfest mit einer Wandmalerei dekoriert werden soll. Doch, wie gesagt, El-Shurafa ist ein weltabgelegener Flecken – so wie all die anderen Gemeinden im Umkreis, und auf die staubige Landstraße verirrt sich selten genug ein Fremder. Kein Wunder also, daß Farahots kühne Entwürfe selten Beachtung finden. Doch selbst ein zufälliger Aufenthalt garantiert keineswegs eine Freilicht-Kunstausstellung. Denn die Mehrzahl der Bilder sind nicht an, sondern in den Häusern zu besichtigen. Was zunächst einmal praktische Gründe hat: Dort sind sie gegen Witterungseinflüsse besser geschützt. Auch andere Hadschmaler wissen diesen Vorteil zu schätzen und bieten Innendekorationen an. Doch kaum einer

In welchem Maße ein Hadschmaler seine Ideen umzusetzen vermag, hängt nicht zuletzt auch stets von den vorgegebenen Flächen ab, die er gestalten soll. Aber wo auch immer – an einem mit Wäsche behängten Balkon eines Appartementhauses in Suez, einer anspruchslosen Ladenfront in Luxor oder einer Hauswand in einem typischen Nildorf: Durch die Allgegenwart dieser Bilder soll nur die eine Botschaft vermittelt werden: »In diesem Haus wohnt ein frommer Moslem, der den Hadsch gemacht hat.«

Es ist bestürzend, daß Hadschbilder häufig noch kurzlebiger sind, als dies durch die Witterungseinflüsse bedingt ist. Diese erste Version des von Farahot stammenden Wandgemäldes zeigt einen betenden Pilger während der Verweilzeremonie in Arafat. Seltsamerweise fehlt die übliche Menschenmenge am Fuß des Gnadenbergs. Die Haut des Mannes wirkt vom langen Aufenthalt in der stechenden Sonne wie verbrannt. Die kalligraphische Botschaft rechts vom Fenster wird durch Striche hervorgehoben, um ihre Strahlkraft gleichsam optisch zu betonen. Das Bild wurde nur ein paar Tage nach seiner Entstehung im Jahre 1988 fotografiert. Kaum vier Jahre später wurde es noch einmal aufgenommen. Das Resultat ist erschreckend. Manche Bilder überdauern Jahrzehnte, während andere schon nach ein paar Monaten zu bleichen und zu bröckeln beginnen. Das Problem ist hier ein doppeltes: Pigmente ohne besondere Haltbarkeit werden von der Sonne stark angegriffen, vor allem die Farbe Rot, die sich schnell in ein bleiches Rosa verwandelt. In vorliegenden Fall läßt sich die allzu kurze Lebensdauer des Bildes auch auf wirtschaftliche Zwänge zurückführen. Qualitätsfarben waren zu teuer. Hinzu kommt, daß durch die Überlagerung unverträglicher Materialien ein vorzeitiges Abblättern der Farbe begünstigt wurde

Die Gitter, die diese beiden Raubkatzen in einen Käfig zu sperren scheinen, sind ein Effekt des Mittagsschattens, der durch überhängende Dachbalken entstand. Als Wächter des Hauses plaziert, erklärt sie die Schrift zu Tiger und Löwe. In Ägypten steht der Löwe für Macht und Schutz und ist ein Lieblingsmotiv mehrerer Hadschihaus-Maler. Manchmal werden Hassan und Hussein, die Söhne des Kalifen Ali, wegen ihrer legendären Stärke und Kühnheit symbolisch oder in Verkleidung als Könige der Tiere dargestellt. Der Maler Farahot skizziert die Umrisse seiner cartoonartigen Figuren mit schnellem, sicherem Strich, bevor er die Flächen koloriert. Das

Bild ist mit 1984 datiert, stammt aber in Wirklichkeit aus dem Jahr 1988, als sich Farahot besonders intensiv mit dem Löwenthema befaßte. Auch diese beiden Raubkatzen sind inzwischen zur Beute des Verfalls geworden.

Es ist durchaus nicht ungewöhnlich, daß das Ehrenfest für den Hadschi erst Monate nach der Rückkehr veranstaltet wird – entweder aus finanziellen Gründen oder weil Verwandte derzeit nicht teilnehmen können oder weil mehrere Mekka-Pilger sich zu dieser Feier zusammentun wollen. Entsprechend verschiebt sich auch der Termin für die Anfertigung des Hadschihaus-Gemäldes.

Im vorliegenden Fall wartete man auf die Heimkehr eines Bruders.

Oft haben die Dörfler das Letzte hergegeben für diese Pilgerfahrt. Entsprechend gering ist das Honorar, nicht vergleichbar mit den Preisen, die Kollegen mit ähnlichem Talent in wohlhabenderen Gegenden zu fordern gewohnt sind. So malte Farahot beispielsweise im Jahre 1988 sechs Wohnungen in drei Gemeinden aus. An einem dieser Häuser – er dekorierte die Außenfront und zwei Zimmer im Innern mit sehr aufwendig gestalteten Bildern – arbeitete er zwei lange Tage bis zur Erschöpfung und forderte dann nur 40 ägyptische Pfund plus weitere 20 Pfund für die Farbe. Tatsächlich steigerten sich Farahots Einkünfte in den späten achtziger Jahrenr nur um einige hundert Pfund, was nicht ausreichte, um seine Finanzen zu sanieren. Daraufhin schloß er als Lehrer einen Zweijahresvertrag in das reiche Saudi-Arabien ab. In die Heimat zurückgekehrt, nahm er seine Lehrtätigkeit an der Dorfschule wieder auf. Immerhin konnte er mit dem in Saudi-Arabien Ersparten einen kleinen Laden neben dem Schuleingang eröffnen. Die Schüler kaufen dort Süßigkeiten und ihre Eltern alles, was man so zum Leben braucht. Dieses existentielle Fundament erlaubte es Farahot, seine Laufbahn als Hadschmaler mit doppelter Energie forzusetzen.

Ahmed Hassan Farahot hat stark ausgeprägte Vorlieben für bestimmte Farben. Fast

Judentum, Christentum und Islam – die drei großen monotheistischen Religionen – haben ihre gemeinsamen Quellen in den Offenbarungen des Alten Testaments. So gibt es in der Kunst religiöse Motive, die Christen und Moslems miteinander verbinden, obwohl der Islam bildliche Darstellungen nur sehr eingeschränkt zuläßt. (Das Judentum besteht auf einem grundsätzlichen Bilderverbot.)

Ahmed Hassan Farahot hat verschiedene Versionen von Adam und Eva im Paradies gemalt. Bezogen auf den Hadsch, so sagt er, symbolisiere diese Urgeschichte den Neubeginn des gereinigten Moslems, der soeben die Pilgerfahrt absolviert hat. Diese Szene befindet sich, wie alle Gemälde Farahots zum Thema Adam und Eva, im Innern eines Hauses und füllt eine ganze Wand des Hauptraumes aus. Die beiden ersten Menschen sind überlebensgroß dargestellt, denn nach islamischem Glauben waren sie 25 Meter groß. Nach ihrer Vertreibung aus dem Paradies irrten sie durch die öde Wildnis, bis sie nach zweihundert Jahren am Berg Arafat wieder zueinanderfanden. Die entscheidende Szene am Baum der Erkenntnis unterscheidet sich in Farahots Interpretation nicht wesentlich von christlichen Darstellungen. In der üblichen Kalligraphie fügt er bei Adam und Eva hinzu: »Möge der Segen des Friedens auf euch ruhen.« Und bei der Schlange: »Satan, ein Ebenbild der Schlange.«

immer führt er seine Außenbilder auf einem Hintergrund kräftigen gelben Ockers aus, während er für Innenwände das traditionelle Hadschblau verwendet. Auf diese Flächen trägt er dann vom Sockel bis in Hüfthöhe ein einfarbiges Band auf, auf Außenwänden normalerweise Terrakotta und im Innern der Häuser ein zartes Rosa, um schließlich diese beiden Hintergrundabschnitte optisch durch Blumengirlanden voneinander zu trennen (Seite 99). Gerade die Ornamentik verleiht seinen Entwürfen eine filigrane Wirkung, die den Gesamteindruck vorteilhaft belebt.

In den vergangenen Jahren hat Farahot sein Farbspektrum geändert. Er bevorzugt jetzt kräftigere pinkfarbene Hintergründe und umrandet Außengemälde häufig mit karmesinroten und türkisfarbenen Säumen (Seite 162). Fleischtöne an vielen seiner Figuren, früher in schattigen Lohfarben oder Ocker wiedergegeben, erhalten nun hellrosa Nuancen. Zugleich hat seine Kalligraphie einen moderneren Zuschnitt bekommen – mit breit ausgemalten Worten wie »Allah«, die durch sonnenartige Strahlenkränze betont werden (Seite 23 oben).

Farahot pflegt auch die Porträtkunst, ein Genre, dem nicht jeder Hadschmaler gewachsen ist, gilt es doch, einem Gesicht prägnante Individualität zu verleihen. Als Beispiel mag jener Hadschi stehen, der, von Beruf Metzger, bei seiner Arbeit dargestellt wird (Seite 111). Daß diese Szene auch als Metapher für das Fest der Opferung stehen kann und somit sich das Weltliche wieder ins Religiöse wandelt, fördert eine Betrachtungsweise, deren spezifischen Reiz die Ambivalenz ausmacht.

Diese Ambivalenz setzt sich fort in dem naiven Porträt einer Mutter, die ihr Baby stillt (Seite 112) – angefertigt auf Wunsch der Ehefrau eines Pilgers, die gerade ihr erstes

Ahmed Mahmoud El Senosy, der die Kairoer Kunstakademie erfolgreich abschloß und heute die Kunstabteilung an der technischen Sekundarschule in Esna leitet, ist Mentor mehrerer begabter Hadschmaler. Wie unprätentiös er diese Position als führender Künstler der Region ausfüllt, zeigt sich an der freundlichen, selbstsicheren Haltung, in der er sich hier fotografieren läßt.

Da die Hadschmalerei keine ausreichende Grundlage für den Lebensunterhalt bietet, sind die Künstler auf andere berufliche Tätigkeiten angewiesen. Gelegentlich verdienen sie sich mit Schildermalerei oder »weltlichen« Bildern ein Zubrot. So dekorierte Ahmed Hassan Farahot die Fassade der Dorfschule, an der er unterrichtet, mit schultypischen Motiven – was das Gebäude sichtlich aufwertet.

Mahmoud El Araby nutzte in Esna die Freifläche eines Schnellrestaurants zu einem Werbeplakat. Er präsentierte einen Gast, der mit gierigen Blicken seinen Imbiß genießt, und schrieb daneben: »Wohl bekomm's!« Ob die Hungrigen dieser Empfehlung widerstehen können?

Die Nachmittagssonne brennt derart heiß auf die oberägyptischen Dörfer, daß jede anstrengende Tätigkeit eingestellt werden muß. Dann treffen sich die Männer in den Cafés, trinken Pfefferminztee oder starken Türkenkaffee und spielen stundenlang Domino oder Backgammon. Andere entspannen sich beim Rauchen einer Wasserpfeife, die man, je nach Ausführung, entweder Gozah oder Schischa nennt.

Ali Eid Yasin nimmt solche Motive auf, wenn er sein Talent für kommerzielle Projekte nutzt. Genremalereien dieser Art geben den Fassaden und den Räumlichkeiten der Cafés eine spezifische Note.

Kind geboren hatte. Nach der Bedeutung des Gemäldes befragt, gab die junge Frau zur Antwort, es sollte nicht nur ihre eigene Mutterschaft dargestellt, sondern auch die Idee eines Neuanfangs versinnbildlicht werden, die innere Wiedergeburt, die ihr Mann durch seine Mekkafahrt erlebt hatte. Realität und Symbolik – erst die Vermischung beider Elemente macht aus einem Werk ein Kunstwerk.

Natürlich verwendet auch Farahot die gängigen Hadschsymbole: Kaaba, Prophetenmoschee, Pilger in unterschiedlicher Gebetshaltung, prächtig aufgezäumten Kamele mit Sänfte, phantastische Schiffe, Flugzeuge und so weiter. Doch er bietet auch das Unübliche: Wasserträger, Weihrauchschwinger (Seite 84 und 145) und Raubkatzen, die Hüter der Schwelle, die den bösen Geist abwehren sollen (Seite 163).

Obwohl Farahots Produktion relativ schmal und seine Bilder nicht ganz so subtil sind wie die der Künstler vom Schlage eines Yasin, nicht ganz so raffiniert wie die El Senosys und nicht ganz so bekannt wie die der Maler aus El-Kurna, gehört er wegen seines schwungvollen Stils und Ideenreichtums in die Spitzengruppe bedeutender Maler, die der zeitgenössischen Volkskunst Ägyptens ihren Stempel aufgedrückt haben.

Die Hadschbilder in Esna zeichnen sich durch modernen Stil, Farbwahl und geometrische Ornamentik aus. Ahmed Mahmoud El Senosys Gemälde sind leicht zu erkennen, da sie sich von den Arbeiten seiner Kollegen unterscheiden. Stolz räumt er ein, von Farbreproduktionen der Werke Picassos und anderer berühmter abstrakter Maler beeinflußt worden zu sein. El Senosy experimentiert gern mit neuen Techniken, läßt sich aber auch auf ungewöhnliche Themen ein, so etwa, wenn er sich mit dem Ghusl, der rituellen Reinigung, befaßt. Für seine Motive bevorzugt er lineare Räume und malt vertikale Flächen zwischen Türen und Fenstern mit weitgehend stilisierten Hadschmotiven aus.

Über dem vor der Kaaba stehenden Pilger hat El Senosy die Worte angebracht: »Ich gehe auf den Hadsch, die Umra«. Die Umra bezieht sich auf die Kleine Pilgerfahrt, die zu beliebigen Zeiten im Jahr gemacht werden kann.

AHMED MAHMOUD EL SENOSY

Anders als seine Malerkollegen hat Ahmed Mahmoud El Senosy eine reguläre Kunstausbildung genossen. Er ist vielleicht Ägyptens Hadschihaus-Maler mit dem größten Talent. 1971 schloß er sein Kunststudium in Kairo mit dem Examen ab, widmet sich seitdem professionell seiner Malerei und genießt auch als einflußreicher Lehrer großes Ansehen. Seine Hadschbilder, ein wesentlicher Bestandteil seiner künstlerischen Produktion, sind stilisiert und wohldurchdacht. Sie lassen den Einfluß zweier westlicher Maler erkennen: Picasso und Matisse; zweier Meister, deren Werk El Senosy aus Buchreproduktionen kennen- und bewundern gelernt hat. Die von ihm bemalten Hauswände zeugen von einem sehr entwickelten Sinn für Rhythmus und Linie. Die Gemälde sind als Folge aufeinander bezogener Ausschnitte angelegt. Integrierender Bestandteil sind häufig wirbelnde, wellenartige Muster in grellen, ungedämpften Farben, die eine kühne Verbindung zwischen den abstrakten Figuren und kalligraphischen Schriftzügen herstellen. Die meisten Hadschihaus-Bilder El Senosys befinden sich in Esna, wo er und seine Familie leben.

Einer wachsenden Anzahl von ihm kunstvoll geschmückter Häuser begegnet man auch in nahegelegenen Dörfern, wo sie den lehmfarbenen Lehmziegelbauten unerwartet raffinierte Akzente lebhafter Farbgebung verleihen.

El Senosy möchte Theorie und Praxis miteinander verbinden. Lehrer und Maler bedingen sich wechselseitig. Wenn er sich mit dem Hadsch befaßt, dann nicht um plakativer Wirkungen willen, sondern mit dem Ziel, dem Ideal des Hadsch auf die Spur zu

Der Hadschihaus-Maler Mohammed El Malk unterbricht für einen Augenblick die Arbeit, um vor einem Kaaba-Gemälde zu posieren. Seit 1988, als dieses Foto entstand, hat sich sein Stil merklich gewandelt. El Malks Technik ist raffinierter geworden. Viele der mit brillanten Farben bemalten Läden und Häuser im Tal der Könige tragen seine Handschrift.

Auf diesem Bild erzeugt er die Illusion einer Menschenmenge, die sich um den heiligen Würfel bewegt. Seine Maltechnik: Indem er nur Farbtupfer aufträgt, wird ein Masseneindruck suggeriert. Talent, Fleiß und Erfahrung haben aus El Malk einen bedeutenden Repräsentanten der Hadschihaus-Kunst gemacht.

الله نور السموات والأرض
ولله على الناس حج البيت من استطاع إليه سبيلا
FABRIQUE ALABASTER
DIRA ABOU EL NAGA...
EL HAG ALY KHODARY ALY
LUXOR ~ EL KORNA...
الله أكبر ولله الحمد
صلى الله على رسول الله
WELL COME
alpitour

Viele Häuser in El-Kurna, besonders die der reichen Kaufleute, sind großzügig und solide gebaut. Sie sind mit hohen, luftigen Räumen als Speise-, Schlaf- und Ruhezimmer auf die Bedürfnisse der Familie zugeschnitten. Im Erdgeschoß und in den Innenhöfen befinden sich meist Ausstellungsräume und Werkstätten der Touristikbranche. Wird aus einem Geschäfts- ein Hadschihaus, so stellt der Eigentümer an die künstlerische Gestaltung einige Ansprüche, denn das Gemälde soll ihn nicht nur als Hadschi preisen, sondern indirekt auch für seine Geschäfte werben.

Mohammed Ahmed El Malk, der Schöpfer dieses komplexen, mit auffälligen Ornamenten versehenen Tableaus, ist es geschickt gelungen, nicht nur auf die Pilgerfahrt des Hausherrn, sondern auch auf dessen merkantile Fähigkeiten hinzuweisen. Wer so farbenprächtig die Fassade seines Geschäfts dekorieren läßt, der hofft auf zahlreiche Kundschaft für seine Souvenirartikel.

kommen. Seiner Einschätzung nach hat er über zweihundert Hadschihäuser dekoriert, obwohl die Mehrzahl dieser Bilder schon nicht mehr existiert.

Nachdem sich El Senosy zu Hause mit Skizzen vorbereitet hat, präpariert er die Wände vor dem Farbauftrag, um so die vorteilhafteste Wirkung zu erzielen. Er benutzt Qualitätsöl- und Lackfarben, weshalb seine Bilder länger frisch bleiben als viele Werke anderer Künstler. Eines der wichtigsten Motive auf den Gemälden El Senosys ist eine stilisierte Taube, das Friedenssymbol. Oft plaziert er den Vogel auf die Schulter eines Pilgers, der mit erhobenen Armen vor der heiligen Kaaba steht (Seite 75).

El Senosy betätigt sich auch als Bildhauer, macht Puppen und bedeckt die Innenwände seines Hauses mit schwungvoller Kalligraphie und phantastisch abstrakten Mustern. Alle Möbel und Gerätschaften seiner Wohnung – Tische, Stühle, ja selbst den Kühlschrank – hat er bemalt und die Familienbadewanne mit bunten, dekorativen Ziegeln verkleidet. Auch singt er gerne und schlägt die Trommel, die er natürlich ebenfalls, wie all seine anderen Musikinstrumente, sorgfältig bemalt hat.

Die Klassenzimmer und Korridore der Schule in Esna, an der er unterrichtet, sind mit seinen Arbeiten dekoriert. Man hat tatsächlich den Eindruck: Wenn El Senosy auf eine leere Wand stößt, ginge es gegen seine Natur, sie nicht mit Farben und Linien zu bedecken.

El Senosy, ein Mann von Anfang 40, spricht mit anstecken der Begeisterung von seiner Kunst. Er ist verheiratet, Vater von drei Kindern, stammt selbst aus einer Künstlerfamilie. Ein Bruder malte früher, eine jüngere Schwester ist Musiklehrerin, und eine ältere Schwester brachte ihm in Kindertagen bereits das Abc der Kunst bei. Sein Vater arbeitete als Mechaniker und war schon von Berufs wegen gezwungen, praxisbezogen

Heute ein bedeutender selbständiger Künstler, begann Ahmed El Tauib seine Karriere als Schüler El Senosys. 1988 ließ er sich vor einem jener Gemälde fotografieren, das er zu seinen besten Arbeiten zählt. El Tauib hat ein Faible für Wildkatzen. Entsprechend häufig kommen sie in seinen Bildern vor, nicht zuletzt als Kontrast zu den üblichen Hadschsymbolen.

Im Gegensatz zu dem nüchternen Stil, wie er auf Seite 185 vorgestellt wird, präsentiert sich die Hadschmalerei des verstorbenen Abdel Rasik in geradezu expressionistischer Manier (auch Seite 16, 101 und 107). Aufwendig gestaltet, provoziert sie eine vitale Heiterkeit, die gerade durch üppige Gestaltung dekorativer Elemente wirkt. Rasik umgibt die Kaaba und die doppelte Bogenreihe der Großen Moschee mit zahlreichen Motiven, die nicht dem religiösen Bildfundus entnommen sind. Leuchtend grüne Pflanzen, Blumenarrangements, Mangos in stilisierten Vasen, ein Löwe, Torwächter und Reiterfiguren bestimmen den Bildeindruck, so als wolle der Maler die Lebenskraft, die von der Kaaba ausgeht, durch eine Art Garten Eden visuell bekräftigen. Zufrieden nimmt der Hadschi vor diesem ungewöhnlichen Gemälde Aufstellung, ohne vielleicht zu ahnen, welchen Rang es in der Hadschaihaus-Kunst einnimmt.

Gegenüber Assuan, das alljährlich Scharen von Besuchern aus aller Welt anzieht, liegt eine Reihe beschaulicher Dörfer, die zwar mit eigenen Ortsnamen gekennzeichnet sind, aber als West-Assuan zusammengefaßt werden. Kurvenreiche, ausgefahrene Straßen schmälern das Vergnügen, diese nubischen Ortschaften aufzusuchen. Seit Generationen arbeiten die Bewohner jenseits des Stroms, bestreiten ihren Lebensunterhalt zu einem großen Teil mit Fremdenverkehr. Felukenbesitzer vermieten ihre Boote zu guten Preisen und verdingen sich als Fremdenführer. Die Einnahmen aus dem Touristengeschäft werden auf die hohe Kante gelegt, bis sich zumindest ein Mitglied der Familie die Pilgerreise

nach Mekka leisten kann. Danach tritt ein Maler namens Mohammed Omar in Aktion, ein Schullehrer im Hauptberuf, der das Hadschihaus für das Wiedersehensfest dekorativ ausgestaltet.

Die kraftvollsten und phantasievollsten Schöpfungen dieses hochbegabten nubischen Künstlers, an Dutzenden von Häusern der Gegend zu sehen, sind seine Darstellungen des Fabeltiers Buraq, auf dessen Rücken der Legende nach Mohammed gen Himmel ritt. Omar bevorzugt monumentale Formen. Nicht zwei seiner geflügelten Pferde sind einander gleich. Dieses Fabeltier mit Flügeln, Pfauenschwänzen und elegantem Kopfputz, oft auf schönen persischen Miniaturmalereien zu sehen, galoppiert hier über leuchtend farbige, jedoch von Schleifspuren und Schlammspritzern beschmutzte Wände. Denn Hausreparaturen und seltene Regengüsse fordern eben doch ihren Tribut.

Einige dieser stilistisch einheitlichen Bilder sind mit verschiedenen Namen signiert. Auf Nachfrage erklärte uns der Künstler, er beschäftige junge Lehrlinge. Wenn er das Bild auf eine Wand skizziert habe, dürfe es manchmal einer von ihnen vollenden und mit seinem Namen zeichnen – fürwahr eine geschickte Pädagogik des Lehrers Mohammed Omar. Leider hat er in den letzten Jahren keine neuen Werke mehr geschaffen, aus künstlerischen Skrupeln, wie es heißt. Auf Seite 176 zeigt die Fotografie unten rechts den Maler neben einer seiner letzten Schöpfungen.

vorzugt er eine mattere Tönung und einen feineren Strich. Beide Malweisen vermag er in visueller Harmonie zu vereinen (Seite 171).

El Tauib bereitet seine Bilder sorgfältig vor. Wenn er eine Außenwand abgeschabt, ausgebessert und verputzt hat, zeichnet er mit Hilfe vorgefertigter Skizzen die Umrisse des neuen Bildes auf die Malfläche (Seite 132 rechts unten). Er benutzt gewöhnliche Anstreicherfarben, bevorzugt Primärfarben. Mit breiten Pinseln rasch arbeitend, trägt er die Farben großflächig auf. Sind die Grundierungen beendet, erfolgt der »Feinschliff«. Bei der Arbeit richtet er sich nach dem Lauf der Sonne und wählt, wenn möglich, die Schattenseite. Mittags zieht er sich ins Innere des Hauses zurück, wo er mit Geschick dunklen, hohen Räumen zu einem hellen Ambiente verhilft. Seiner Meinung nach sollten auch die Innenwände der Hadschihäuser stets bemalt sein, nicht mit Erinnerungen an die Große Pilgerreise, sondern mit dekorativen Elementen wie Bäumen, Vögeln und Blumenarrangements (Seite 150). El Tauib pflegt seine Blumensträuße nie in Töpfen oder Vasen zu malen, da die Wirkung natürlicher Schönheit durch solche Gefäße verringert würde (Seite 133).

Häufig wird El Tauib zur Dekoration von Ladenfassaden herangezogen. Die Souvenirgeschäfte, die am Weg zum Tal der Könige liegen und die täglichen Busladungen der Touristen erwarten, wissen Werbung durch aufsehenerregende Dekorationsmalerei zu schätzen. El Tauib stellt sich dieser Aufgabe mit großem Geschick, verbindet altägyptische Motive mit modernen Hadschsymbolen und erweitert diese Kombination seit neuestem mit Vignetten aus dem heutigen Dorfleben (Seite 42).

El Tauib schöpft stilsicher aus seinem ornamentalen Repertoire. Er muß jedoch nicht selten akzeptieren, daß sich die Gestaltungswünsche der Auftraggeber gleichen. Da sein Künstlerehrgeiz sich aber mit Kopien eigener Arbeiten nicht zufriedengeben kann, versucht er diesem Dilemma durch geschickte Variationen zu entgehen.

Für die Gestaltung eines normalen Hadschihauses verlangt El Tauib hundert ägyptische Pfund, große Souvenirläden und Alabastermanufakturen bringen natürlich mehr Geld, weil die Entwürfe zusätzliche Planung erfordern und schwieriger und zeitaufwendiger umzusetzen sind. Doch wie die meisten Hadschmaler hat er keine festen Preise, und wenn er für Freunde und Nachbarn arbeitet, pflegt er ein Honorar auszuhandeln, das im allgemeinen von der Zahlungskraft des Kunden abhängt.

Der freundschaftliche Wettbewerb zwischen El Tauib und seinem zehn Jahre älteren Konkurrenten El Malk ergibt sich schon durch die räumliche Nähe. Beide leben in El-Kurna. So hat der Auftraggeber die Wahl – ein Vorteil, der anderwärts, vor allem hinsichtlich der Qualität, wesentlich seltener gegeben ist.

Die meisten Hadschbilder werden nicht signiert, was auch unnötig ist, da fast jeder im Dorf den Maler kennt. Natürlich gibt es Ausnahmen. Dann nämlich, wenn Tradition und Handwerk durch Künstlerstolz ergänzt werden. Mit der Signatur bekennt sich der Schöpfer eines Werks zu einer individuellen Leistung, die anderen verwehrt bleibt.

Auch Abdel Bari Kalid, ein junger Schullehrer in der oberägyptischen Gemeinde El-Chaarona, versah dieses Hadschgemälde mit seinem Namen, zumal er es für sein bisher bestes hält. Die Signatur ist am rechten Hinterbein des Dromedars wie ein Brandzeichen angebracht. Das Haus, dessen Fassade Kalid bemalte, liegt etwas abseits der Hauptstraße. Trotzdem fällt es ins Blickfeld der Autofahrer, wozu die stattlichen Dimensionen des grasenden Tieres ihren Teil beitragen mögen. Daß die Detailarbeit an dem Dromedar präziser ausgefallen ist als die der beiden anderen Bildteile, dürfte wohl damit zusammenhängen, daß das »Wüstenschiff« ihm weit besser vertraut ist als ein Ozeanschiff und die Kaaba nur in seinen Träumen Realität gewinnt.

ALI EID YASIN

Als einer der hervorragendsten Hadschmaler Ägyptens gilt Ali Eid Yasin, der in Silwa Bahari am Ostufer des Nils – auf halbem Weg zwischen Luxor und Assuan – lebt und arbeitet. Die Stadt wirkt größer, als sie in Wirklichkeit ist, weil sie aus mehreren Ortschaften entlang der Hauptstraße besteht. Die Dörfer dieser Region bieten mit ihren weißen, im Sonnenlicht gleißenden Häusern ein sauberes, harmonisch-schlichtes Äußeres. Hinter hohen Holztoren verbergen sich geräumige Höfe, und die Architektur erinnert ein wenig an die nubischen Dörfer weiter südlich.

Yasins Bilder lassen sich leicht identifizieren: realistische Szenen oberägyptischen Dorflebens und traditioneller Feste, feinsinnige Kalligraphie und Liebe zum Detail. Einige seiner besten Werke sind schon von der Autobahn aus zu erkennen. Anderes, das von ihm in den letzten zwanzig Jahren geschaffen wurde, liegt hinter den Hügeln, die sich am dunstigen Horizont abzeichnen.

Nahe des Kamms einer dieser Erhebungen steht eine kleine weiße Moschee, die Ali Eid Yasin, ein frommer Moslem, regelmäßig aufsucht. Ihr Inneres hat er mit den klassischen geometrischen Mustern des islamischen Stils ausgemalt. Eine Arbeit, die er für seine reifste künstlerische Leistung hält. Doch aus Sicht des Betrachters gewinnt die Phantasie des Künstlers erst wirklich freien Flug bei der Arbeit an den Hadschhäusern.

Oberägyptische Volksfeste zählt er zu seinen Lieblingsthemen – Symbole der fröhlichen Rückkehr von der Pilgerfahrt. Die Hauswände, die er für solche Gelegenheiten schmückt, sind bedeckt mit Musikern, Stocktänzern, Pferdejagden und Festbesuchern, die ihre Freude mit Pistolenschüssen explodieren lassen (Seite 25, 137 und 138). Beim Anblick dieser kraftvollen Bilder kann man fast der Illusion erliegen, die exotische

Ali Eid Yasin, einer der besten zeitgenössischen naiven Maler Ägyptens, steht hier vor einem Nachbarhaus, das er 1987 bemalt hat. Für dieses Bild grundierte er die Wände in seiner bevorzugten Farbkombination, einem klaren Hellblau, um den Hadsch zu symbolisieren, und einem reichen Ocker, das an die Wüste bei Sonnenuntergang erinnert. Dann trug er die zarteren Farben auf: Goldocker, ein klares Dunkelblau und gedämpfte, erdige Töne. Links von der Tür sieht man zwei Gestalten, die sich umarmen, umrahmt von dem Wort Hadsch und dem Gebet: »Vergiß alles, was ich früher getan habe, wenn ich zu dir auf Besuch komme.« Es gehört zu Yasins charakteristischer Malweise, Figuren in kalligraphische Linien einzufügen – was an die europäische Buchmalerei des Mittelalters erinnert (Seite 97). Auf der rechten Seite läßt der Künstler eine Schlange sich um einen Baum winden, deren Zunge einem Vogel hinterherschnellt. Die Schlange als Symbol des Bösen gehört in die Kategorie jener Geschöpfe, die am Eingang eines Hadschihauses dargestellt sind, um die Bewohner vor Schaden zu bewahren.

Eine andere Variante jener Kalligraphie mit figuralen Elementen – auch sie eine Arbeit von Ali Eid Yasin. Der kalligraphische Schwung des Wortes Hadsch verlängert sich durch das Krummschwert des Islams, das der Moslem zur Verteidigung des Glaubens zückt. Ein Gläubiger, gekleidet in das mit Goldbrokat gesäumte Gewand eines Scheichs, trägt die Prachtausgabe eines Korans unter dem Arm, von Begeisterung erfüllt für seine künftige Wallfahrt. Die kleinen Schriftzeichen verweisen auf die Bedeutung dieser Reise: »Der Hadsch ist deine Pflicht.«

Musik und das Pferdegetrappel zu hören. Und den stark duftenden Sharbat, das von einer etwas untersetzten jungen Dame servierte Tamarindengetränk, glaubt man zu schmecken (Seite 136). Eine andere Szene: Ein alter Hadschi, stolz zu Pferde, hält in der einen Hand den Zügel, in der anderen einen weißen Schirm zum Schutz gegen die pralle Sonne (Seite 25). Bilder dieser Art geben dem dörflichen Leben etwas Unbeschwertes, wie es nur an Feiertagen erlebt sein mag.

Was den Hadsch betrifft, so stellt Ali Eid Yasin die Kaaba und die Verweilzeremonie am Arafat in den Mittelpunkt seiner Gemälde (Seite 95 und 96). Besondere Beachtung sollte jedoch seine Technik finden, kalligraphische und szenische Elemente miteinander zu kombinieren, beispielsweise wenn er Minarette oder ekstatische Pilger als Teil arabischer Schriftzeichen gestaltet – ein Effekt, der an die Initialen der christlichen Buchmalerei erinnert.

Wenn man durch Silwa Bahari schlendert und dessen Bewohner beobachtet, entdeckt man sofort, wo Yasins Vorbilder für die Physiognomien seiner Bildgestalten zu finden sind. Es sind ausdrucksstarke Gesichter mit üppig gewundenen weißen Turbanen, wie man sie in dieser südlichen Region Oberägyptens noch häufig benutzt. Sofern seine Figuren nicht Hadschgewänder tragen, kleidet er sie in Dschallabijas mit weiten Ärmeln, blaugrau, schiefergrün oder weiß, manchmal auch in die klassische arabische Tracht (Seite 117).

Nur selten verwendet Ali Eid Yasin leuchtende Farben, und vergeblich wird man nach Flugzeugen, Schiffen und Eisenbahnen suchen, nach jenen Transportmitteln der Pilgerreise, von denen die meisten anderen Hadschihaus-Maler sich so ausgiebig faszinieren lassen. Statt dessen Kamele, die altbewährten Gefährten der Hadschis seit Urzeiten (Seite 94).

Ein symbolisch ausdrucksstarkes Bild gelang Yasin mit jener Bruderszene, in der sich ein dunkel- und ein hellhäutiger Moslem umarmen, eingerahmt von einer schwungvollen Kalligraphie, die für das Wort Hadsch steht. Der Maler bringt in dieser einfachen, aber überzeugenden Komposition die Gleichheit und universelle Bruderschaft aller Menschen zum Ausdruck – ein Glaubensgebot, das zum ersten der Fünf Pfeiler des Islams gehört.

Fragt man Ali Eid Yasin nach der Quelle seiner Inspiration, kommt eine einfache, klare Antwort: Die Bilder würden ihm im Traum gezeigt. Das mag überraschen, ist aber eine Aussage, mit der naive Künstler häufig ihren Ideenreichtum zu erklären versuchen.

Ali Eid Yasin, heute Anfang vierzig, ein liebenswürdiger Mann mit verbindlichen Umgangsformen, der Fragen über sein Leben und seine Arbeit erst nach sorgfältiger

Einige Hadschmaler pflegen jeden freien Zentimeter mit Pilgersymbolen zu bemalen, während andere sich auf ein paar schlichte Motive beschränken. Viele Wandflächen Ali Eid Yasins in Silwa Bahari sind in einem angenehmen schattenhaften Blau grundiert, das mit einem erdfarbenen Sockel kontrastiert. Yasin läßt die rauhe Oberfläche unverändert, um die reliefartige Bildwirkung nicht zu zerstören. Über flachen, sorgfältig mit komplementären Blautönen dekorierten Holztüren suggerieren ornamentale Motive eine Scheinarchitektur und bilden den Rahmen für die kalligraphische Schrift.

Links von der Tür die Kaaba mit winzigen Pilgergestalten, rechts – gleichsam wie in der Vergrößerung – wiederum Pilger, mit zum Himmel gewandten Gesichtern. Nach alter arabischer Tradition umgibt Yasin diesen Figurenkomplex mit einer Kalligraphie, die sich zu Minaretten formt. Der Maler wählt bewußt nur wenige Farben und Motive, was dem Bild eine Sensibilität verleiht, die Meisterschaft verrät.

قل اعوذ برب الفلق من شر ما خلق
ماشاء الله
اللهم لبيك
لبيك

Überlegung beantwortet, verbrachte Kindheit und Jugend in Silwa Bahari und leistete zwischen 1969 und 1975 Militärdienst. Zwar gab es schon in Kinderjahren Anregungen zur Malerei – zumal ein Onkel, der Schildermaler war, Einfluß nahm. Doch mit dem Bemalen von Hadschihäusern begann Ali Eid Yasin erst nach seinem Abschied von der Armee. Die Anstellung bei der Telefongesellschaft blieb Episode, da der Arbeitnehmer darauf bestand, sich jedes Jahr zwei oder drei Wochen ausschließlich der Hadschmalerei zu widmen. Für die Telefonherren eine Unbotmäßigkeit, die nur mit Entlassung beantwortet werden konnte.

Seitdem geht Ali Eid Yasin dem Beruf eines Dorfmalers nach. Je nach Bedarf streicht er Häuser an, malt Schilder oder dekoriert die Innenwände von Cafés. Doch in der Hadschihaus-Malerei erkennt er seine Lebensaufgabe, gibt ihm doch sein Talent die Möglichkeit, in dieser Kunst seine religiöse Pflicht so einzulösen, wie er sie versteht.

Um die Vorarbeiten so schnell wie möglich hinter sich zu bringen, stellt Yasin für gewöhnlich einen Assistenten an. Fast immer verwendet er in der Hadschmalerei Weiß oder Hellblau als Hintergrund, manchmal am Sockel ergänzt mit einem breiten Streifen tiefgelben Ockers. Auf der so präparierten »Leinwand« kann dann die eigentliche Arbeit beginnen, die jedoch eine genaue Disposition der Thematik voraussetzt, wenn, wie beispielsweise im Jahre 1988, mehr als ein Dutzend Häuser innerhalb weniger Wochen dekoriert werden müssen. Der Zeitplan schrieb 1988 vor, jeden Tag mindestens eine Hausfassade fertigzustellen – und das bei fünfzig Grad Celsius… Nur so konnten die Kontrakte eingehalten werden. Unter solchen Bedingungen war die Grenzlinie der Belastbarkeit bald überschritten. Die Hadschmalerei wurde zu einer sportiven Herausforderung, doch überwand ein fanatischer Ausdauerwille die totale Erschöpfung.

Das Hadschihaus-Honorar dieses Künstlers variiert je nach Zahl der zu schmückenden Wände und der Zahlungskraft seiner Klienten. Im Durchschnitt liegt der Verdienst bei einem Arbeiterwochenlohn.

In den neunziger Jahren erhielt Ali Eid Yasins künstlerisches Renommee durch zwei Ereignisse bedeutenden Auftrieb. Zum einen wurde er auch außerhalb seiner engeren Heimat bekannt, so daß ihn nun Aufträge aus anderen Landesteilen erreichten. Zum anderen entdeckte er, daß die Konkurrenz seine Arbeiten zu kopieren begann – ein sicheres Zeichen dafür, daß ein Künstler »arriviert« ist. Mittlerweile ist Ali Eid Yasins Reputation als ein echter Meister der naiven Malerei und einer der bedeutendsten Hadschkünstler Ägyptens unbestritten.

GLOSSAR

ABRAHAM (IBRAHIM): Einer der sechs großen Propheten, genannt Freund Gottes (Khalilallah); Vater Ismaels; Abraham und Ismael errichteten zusammen die Kaaba.

ABU BAKR: Freund und Gefährte Mohammeds; einer der ersten Anhänger des Islams; später der erste Kalif.

ADAM: Im Koran in neun Suren fünfundzwanzigmal erwähnt; Vater der Menschheit; die Legende erzählt, daß sich nach ihrer Vertreibung aus dem Paradies Adam und Eva in Arafat wiederbegegneten.

ALI: Ein Kalif; Vetter und Schwiegersohn des Propheten Mohammed.

ALLAH: wörtlich Der Gott; das höchste Wesen in der mohammedanischen Religion; nicht ein Name Gottes, sondern Der eine und einzige Gott.

ARAFAT: Der heilige Berg und die ihn umgebende flache Ebene östlich Mekkas, wo alle Pilger am zehnten Dhu al-hidjdja (zwölfter Monat des islamischen Mondkalenders) aufrecht stehend von Mittag bis Sonnenuntergang beten müssen, wenn ihr Hadsch gültig sein soll; auch Berg Arafat und Gnadenberg genannt; Mohammed hielt hier seine letzte Predigt.

BURAQ: Vielleicht herzuleiten aus baraq = Blitz; das geflügelte Fabelpferd mit Pfauenschwanz, Frauenkopf und manchmal Kamelfüßen, das Mohammed auf seiner blitzschnellen Nachtreise zuerst nach Jerusalem, dann in den Himmel trug.

DHU AL-HIDJDJA: Der zwölfte Monat des mohammedanischen Mondkalenders; auch der Monat des Hadsch.

DSCHALLABIJA (Gallabiyya): Ein einfacher Umhang mit ausgestellten Ärmeln und einem V-förmigen Ausschnitt am Hals; bei den Fellachen in Ägypten weit verbreitet.

DSCHIDDA: Großer saudiarabischer Seehafen am Roten Meer; Hauptzubringerhafen für Pilger nach Mekka, auch Tor nach Mekka genannt.

FATIMA: Tochter Mohammeds und Mutter Hassans und Husseins.

FELLACHE: Ägyptischer Bauer oder Landarbeiter.

FELUKE: Ein kleines, auf dem Nil verkehrendes Segelboot.

FEST DER OPFERUNG: Siehe Id al-Adha; das Fest fällt auf den zehnten Tag des zwölften Mondmonats, wird aber vom zehnten bis einschließlich dreizehnten gefeiert.

FÜNF PFEILER (ODER SÄULEN) DES ISLAMS: Die fünf Gebote, die ein Moslem erfüllen muß: Glaube (Imam), Gebet (Salat), Almosen (Zakat), Fasten im Ramadan (Saum) und Wallfahrt nach Mekka (Hadsch).

GABRIEL: Erzengel, Bote Gottes, genannt der

Treue Geist; die personifizierte Verbindung zwischen Mohammed und Allah; durch Gabriel wurde Mohammed der Koran offenbart.
GHUSL: Die besonderen Waschungsrituale, Teil der Ihram-Zeremonie, die von allen Pilgern vor dem Betreten Mekkas vollzogen werden muß.
GOZAH: Kleine Wasserpfeife, die in der Hand getragen wird.
GROSSE MOSCHEE: Siehe Haram-Moschee.
GROSSE PILGERFAHRT: Siehe Hadsch.
HADSCH: Wörtlich Pilgerfahrt oder Sich begeben; die große Pilgerreise nach Mekka, die im 12. Monat des islamischen Mondkalenders stattfindet; das Absolvieren des Hadsch ist das fünfte Gebot, der fünfte Pfeiler des Islams. – Die Schreibweise Hadsch ist als Schriftvariante ein Kompromiß für den korrekten, aber nur schwer aussprechbaren Terminus Hadjdj.
HADSCHA (fem.), HADSCHI (mask.): Wörtlich Pilger; hochverehrter, niemals wieder abzuerkennender Titel für Gläubige, die den Hadsch absolviert haben. – Es wurde bewußt die im Türkischen und Persischen gebräuchliche Form des Hadschi gewählt und nicht die arabische Variante des Haadsch, weil sich im Schriftbild allzu leicht Verwechslungen mit dem Hadsch einstellen könnten. Die korrekte arabische Umschrift für Mekka-Pilger müßte eigentlich lauten: Hadjdji.
HADSCHIHAUS: Haus eines ägyptischen Pilgers, geschmückt mit einem Hadschgemälde zur Erinnerung an die Große Pilgerfahrt nach Mekka.
HADSCHMALEREI: Ein ägyptischer Ausdruck für religiöse Kunst auf den Außen-, manchmal auch den Innenwänden eines Hadschihauses. Diese Erinnerungsbilder an die Große Pilgerfahrt werden speziell zu Ehren der Pilger gemalt, die den Hadsch vollendet haben.
HAGAR: Mutter Ismaels; von Sara mit ihrem Sohn Ismael verstoßen, suchte sie nach Wasser, das ihr auf wunderbare Weise in dem jetzt Zamzam genannten Brunnen geschenkt wurde.
HARAM-MOSCHEE: Wörtlich Heilige Moschee; meist Große Moschee genannt; in ihrem Hof befindet sich die Kaaba.
HASSAN: Ältester Sohn des Kalifen Ali und Fatimas, der Tochter Mohammeds.
HEDSCHAS (Hidjas): Heiliger Bezirk; der Landstrich im westlichen Saudi-Arabien mit Mekka, Mina, Arafat und Medina; es ist die für die islamische Religion zentrale Region, wo die geschichtlichen Ereignisse in Mohammeds Leben stattfanden.
HEDSCHASBAHN: Eisenbahnlinie von Damaskus über Amman nach Medina mit einer Länge von 1303 Kilometer; obwohl auch von strategischer Bedeutung, wurde sie offiziell für den Pilgerverkehr gebaut; im Ersten Weltkrieg zerstört, wurden nur die syrischen und jordanischen Streckenabschnitte wieder in Betrieb genommen.
HEDSCHRA: Wörtlich Wanderung; Mohammeds Flucht von Mekka nach Medina im Jahre 622 n. Chr. In diesem Jahr beginnt die islamische Zeitrechnung.
HEILIGER BEZIRK: Siehe Hedschas.
HUSSEIN: Sohn des Kalifen Ali und Fatimas, der Tochter Mohammeds.
ID AL-ADHA: Fest der Opferung: Pilger in Mina und, während desselben Zeitraums von drei Tagen, Moslems überall auf der Welt opfern ein Tier zur Erinnerung an Abrahams Bereitschaft, seinen Sohn Ismael zu opfern.
IFADA: Im übertragenen Sinn überstürzter Aufbruch; insbesondere der hektische Massenexodus aus Arafat nach der Verweilzeremonie; s. auch Nafra.
IGAL: Doppelter Ring aus schwarzer Schnur um die Kopfbedeckung der arabischen Tracht.
IHRAM: Wörtlich Weihezustand; Reinigungsritus, der von männlichen und weiblichen Pilgern vorm Betreten Mekkas vollzogen werden muß; auch die Bezeichnung für die zwei Teile des ungenähten weißen Baumwolltuchs, das die männlichen Pilger tragen.
ISLAM: Wörtlich Hingabe an Gott; monotheistische Religion, die von der absoluten Herrschaft Gottes ausgeht.
ISMAEL: Sohn der Hagar und Abrahams; Abraham bot nach islamischem Glauben Ismael Gott zum Opfer dar, doch wurde Ismael von Gabriel gerettet und half später, die Kaaba zu errichten. Nach der Überlieferung des Alten Testaments sollte Abraham seinen Sohn Isaak opfern. Ismael gilt als Stammvater der Araber.
IZAR: Unterkleid des Ihram-Gewandes des männlichen Pilgers.
JAMRA, pl. JIMRA: Die drei Steinpfeiler in Mina, die Verkörperungen des Satans darstellen; während ihres dreitägigen Aufenthalts in Mina schleudern die Pilger insgesamt 49 Steine auf diese Säulen; bei jedem Aufprall eines Steines wird ein Gebet gegen die Versuchung gesprochen.
KAABA: Wörtlich Würfel; das Haus Gottes der Mohammedaner; ein Steingebilde in Form eines Kubus im Innenhof der Haram-Moschee zu Mekka; fromme Moslems überall auf der Welt richten sich im Gebet fünfmal täglich zur Kaaba.
KALIF: Wörtlich Stellvertreter; seit dem Tode Mohammeds Bezeichnung für das geistliche und weltliche Oberhaupt der islamischen Gemeinde.
KISWA: Wörtlich Gewand; das große schwarze Tuch, das die Kaaba bedeckt; es wird in Mekka gewoben und jedes Jahr erneuert; in Goldfäden sind Koranverse eingestickt, die wie ein Band um den oberen Teil des Würfels herumlaufen.
KOPTEN: Monophysitische Christen, die etwa 10 Prozent der ägyptischen Bevölkerung ausmachen und die größte religiöse Minderheit des Landes bilden.
KORAN: Wörtlich Lesung oder Vortrag; das Heilige Buch des Islams, das, wie die Moslems glauben, Mohammed von Gott durch den Erzengel Gabriel offenbart wurde.
MAHMAL: Reich dekorierte Kamelsänfte, die meist eine Kopie des Korans enthielt; sie transportierte an der Spitze einer Kamelkarawane die Kiswa nach Mekka, die vom 13. bis Anfang des 20. Jahrhunderts in Ägypten hergestellt wurde.
MAQAM IBRAHIM (Abrahams Heiligtum): Ein vergoldeter Behälter aus Metall und Glas im Hof der Haram-Moschee; er umschließt den Stein, auf dem nach der Legende Abraham gestanden haben soll, als er die Kaaba vollendete.

MARWA: Einer der beiden Felsen in Mekka, an dem Hagar auf der Suche nach Wasser für ihren Sohn Ismael vorbeirannte.
MEDINA: Ursprünglich eine Oase namens Jathrib, in die sich Mohammed und seine Gefolgsleute begaben, als sie zum Verlassen Mekkas gezwungen wurden. Als Medina, als Stadt des Propheten, ist sie allen Moslems heilig. Von hier aus eroberte Mohammed Mekka. In Medina liegt der Prophet begraben.
MEKKA: Religiöse Hauptstadt des Islams, in Saudi-Arabien gelegen; hier wurde Mohammed 570 n. Chr. geboren, hier empfing er seine erste Offenbarung; Mekka ist das Zentrum der Großen Pilgerfahrt.
MINA: Die Stadt nahe Mekka, wo die abschließenden Rituale der Pilgerfahrt stattfinden, unter anderem das Steinewerfen auf die Jimra und das Fest der Opferung.
MINARETT: Der schlanke Turm einer Moschee, von dem der Muezzin zum Gebet ruft.
MISHLA: Arabischer Mantel, mit Schnüren oder Goldborten gesäumt.
MOHAMMED (Muhammed, Muhammad): Wörtlich der Gepriesene, der Prophet, der Bote Gottes, Gründer des Islams.
MONDKALENDER: Der mohammedanische Kalender basiert auf zwölf Mondumläufen mit 354 Tagen (in Schaltjahren 355 Tage); er wird als Hedschra-Kalender bezeichnet, da er auf 622 n. Chr. zurückdatiert wird, dem Jahr von Mohammeds Hedschra, der Flucht aus Mekka.
MOSLEM (Muslim): Anhänger Mohammeds; ein Mensch, der an den Islam glaubt.
MUEZZIN: Der Mann, der Moslems zum Gebet ruft, normalerweise vom Minarett der Moschee aus.
MUTAWWIF, pl.: MUTAWWIFIN: Offizielle(r) Führer in religiösen und weltlichen Belangen während des Hadsch.
MUZDALIFA: Kleine Stadt zwischen Arafat und Mina, wo während des Hadsch eine große Zeltstadt errichtet wird.
NAFRA: Der hektische Massenexodus von Arafat nach Muzdalifa nach der Verweilzeremonie; s. auch Ifada.
PHARAONEN: Ägyptische Könige, die das dynastische Ägypten regierten (2900–30 v. Chr.)
PROPHET: In der islamischen Welt bezieht sich Prophet immer auf Mohammed.
PROPHETENMOSCHEE: Die Moschee des Propheten wurde von Mohammed in Medina gegründet. In einem Hujra genannten Abschnitt (wörtlich Zimmer) dieses architektonischen Wunderwerks befindet sich Mohammeds Grab.
RAMADAN: Fastenmonat, der neunte Monat des mohammedanischen Kalenders; in diesem Monat fasten die Moslems von Sonnenauf- bis -untergang; er ist auch der heilige Monat, in dem der Koran vom Himmel gesandt wurde.
RIAD: Hauptstadt Saudi-Arabiens.
RIDA: Oberkleid des Ihram-Gewandes der Männer.
SAFA: Einer der beiden Felsen, zwischen denen Hagar auf der Suche nach Wasser für ihren fast verdurstenden Sohn hin und her irrte.
SAUDI-ARABIEN: Königreich auf der arabischen Halbinsel; im Heiligen Bezirk des Landes findet alljährlich der Hadsch statt.
SAʿI: Wörtlich Laufen, Teil des Hadschrituals in Mekka. Es besteht aus siebenmaligem Hinundherrennen zwischen al-Safa und al-Marwa, eine Imitation von Hagars verzweifelter Suche nach Wasser für ihren Sohn Ismael in der Wüste.
SCHWARZER STEIN: Der in die Ostecke der Kaaba eingelassene schwarze Stein, den nach der Überlieferung der Erzengel Gabriel Ismael während der Errichtung der Kaaba gegeben haben soll; man hält ihn für einen Meteoriten, der schon lange vor der Einführung des Islams von Wüstenstämmen verehrt wurde.
SHARBAT: Aus roten Blüten hergestelltes Erfrischungsgetränk.
SIJDEH: Gebetshaltung, bei der die Stirn den Boden berührt.
STEINEWERFEN: Das Ritual, bei dem während dreier Hadschtage Steine auf die Jimra in Mina geworfen werden.
TAWAF: Der siebenmalige Umgang um die Kaaba, der dreimal während des Hadsch vollbracht werden muß. Zuerst der Ankunfts-Tawaf, dann der Mittlere Tawaf, schließlich der Abschieds-Tawaf.

UMAR (Omar): Zweiter Kalif des Islams.
UMRA: Die Kleine Pilgerfahrt, die man zu beliebiger Zeit im Jahr machen kann und die den Tawaf und die Saʿi umfaßt. Aber sie gilt nicht als Ersatz für den Hadsch.
VERWEILZEREMONIE: Der zehnte Tag des zwölften Monats nach dem mohammedanischen Kalender, an dem alle Pilger den Nachmittag stehend in Meditation und Gebet in der Ebene von Arafat verbringen müssen.
YANBU: Saudiarabischer Seehafen am Roten Meer für Pilger mit Ziel Medina.
ZAMZAM-BRUNNEN: Der Brunnen, der sich im Innenhof der Haram-Moschee in Mekka befindet. Sein Wasser gilt als heilig. Erzengel Gabriel soll Hagar bei ihrer verzweifelten Suche nach Wasser hierhergeführt haben.
ZAMZAMI: Saudische Mitglieder einer Organisation von Wasserträgern, die den Pilgern das Wasser des Zamzam-Brunnens reichen.
ZEBIBA: Der auffällige Fleck, der »Gebetsfleck« auf der Stirn frommer Moslems; er entsteht allmählich durch die häufigen Gebete, bei denen der Gläubige seinen Kopf auf den Boden preßt.

GLOSSAR

MAHMOUD EL ARABY (auch El Araby); Esna und El-Deir: 88, 135, 166, 174

AHMED BASHIR und MOHAMMED BASHIR (Brüder); Ras Gharib: 88

AHMED HASSAN FARAHOT; El-Shurafa und Nachbarorte: 4, 23, 27, 90, 99, 105, 111f., 157, 160–166, 168

SAYED HANAFI; Sohag: 140, 179

ABDEL BARI KALID; El-Chaarona: 71, 88, 181

MOHAMMED AHMED EL MALK; El-Kurna: 4, 27, 30, 70, 146, 169, 171, 174f., 178

RAJEB SAYED AHMED MITWALLI; Ortschaften nördlich Esna: 157

SALAH HASSAN MUBAREK; Suez: 141

AHMED EL TAUIB MOHAMMED EL NAGGAR (auch El Tauib); El Kurna: 4, 19, 27, 43, 117, 132f., 171, 174f., 178

MOHAMMED OMAR; West-Assuan: 79, 105, 177

ABDEL RASIK; Orte nördlich Esna: 17, 46, 76, 100, 106, 130, 173

ALI SAID; Orte südlich Esna: 118, 128

AHMED MAHMOUD EL SENOSY; Esna und Umgebung: 27, 47, 135, 165, 168f., 171, 174f., 178

ALI EID YASIN; Silwa Bahari: 4, 15, 24, 27, 62, 95, 97, 99, 102, 117, 126, 137f., 168, 182ff., 186